La culture québécoise
est-elle en crise ?

Les Éditions du Boréal
4447, rue Saint-Denis
Montréal (Québec) H2J 2L2
www.editionsboreal.qc.ca

Gérard Bouchard, Alain Roy

La culture québécoise est-elle en crise ?

Boréal

Les Éditions du Boréal reconnaissent l'aide financière du gouvernement
du Canada par l'entremise du Programme d'aide au développement
de l'industrie de l'édition (PADIÉ) pour ses activités d'édition
et remercient le Conseil des Arts du Canada pour son soutien financier.

Les Éditions du Boréal sont inscrites au Programme d'aide aux entreprises
du livre et de l'édition spécialisée de la SODEC et bénéficient du Programme de crédit
d'impôt pour l'édition de livres du gouvernement du Québec.

Illustration de la couverture : Bruce Roberts

Diffusion au Canada : Dimedia
Diffusion et distribution en Europe : Volumen

Catalogage avant publication de Bibliothèque et Archives Canada

Bouchard, Gérard, 1943-

    La culture québécoise est-elle en crise ?

    ISBN 978-2-7646-0519-6

    1. Québec (Province) – Civilisation – 21ᵉ siècle. 2. Québec (Province) – Vie intellectuelle –
21ᵉ siècle. 3. Crises (Sciences sociales) – Québec (Province). I. Roy, Alain, 1965- . II. Titre.

FC2919.B695   2007   971.4'05   C2007-940311-5

Introduction

Cet ouvrage est né du désir de faire le point sur l'état de la culture au Québec dans son environnement occidental. Il émane également du fait que le discours de la crise culturelle bénéficie actuellement d'une vogue et d'un crédit importants. C'est le cas, par exemple, chez une bonne partie de l'intelligentsia française (on pourrait citer ici les publications récentes des Finkielkraut, Gauchet, Lipovetsky, Bruckner, etc.). Mais ce discours de la crise de la culture ne se limite pas à la période contemporaine ; il semble avoir imprégné tout le XXᵉ siècle à travers les œuvres de penseurs de premier plan, tels Weber, Heidegger, Arendt, Adorno, Castoriadis, pour ne nommer que ceux-là. À la source de ce désenchantement moderne, nourri par l'expérience des deux guerres mondiales, on pourrait situer aussi l'œuvre des « maîtres du soupçon » : Marx, Freud et Nietzsche, auxquels est fréquemment associée la « crise de la raison » ou du rationalisme des Lumières. Les grands thèmes de la « crise des repères » sont bien connus : fin de l'histoire, dissolution des grands récits, relativisme, nivellement des valeurs, désenchantement du monde, crise de la « grande culture » envahie par la culture de masse, etc.

Plus récemment sont apparus de nouveaux sujets d'inquiétude liés à l'écologie, aux nouvelles technologies, à l'évolution des médias, à la mondialisation, à l'immigration, au pluralisme religieux. En contrepartie, il semble que nos sociétés aient connu depuis quelques décennies des progrès réels, par exemple en ce qui concerne la démocratie, la condition des femmes, l'élargissement des programmes sociaux, l'accès à l'éducation.

Bref, qu'en est-il aujourd'hui? Comment regarder l'avenir? Sommes-nous dans une situation prometteuse ou en déclin? La culture est-elle en crise? Si oui, quelles en sont les manifestations, l'intensité, les causes? Est-il possible d'y remédier? S'il n'y a pas de crise, comment caractériser la situation présente? Comment expliquer la vigueur du discours de crise?

Pour répondre à ces questions, nous avons cru bon d'interroger un grand nombre d'intellectuels québécois par la voie d'un sondage, moyen simple et efficace d'accéder à une vaste diversité de points de vue avec l'espoir d'établir un portrait de la situation qui soit le plus riche et le plus nuancé possible. Nous avons choisi d'interroger des intellectuels au sens le plus large du terme, à savoir des individus à forte scolarité œuvrant dans des emplois reliés à l'enseignement, aux médias, à la religion, à la recherche scientifique, à l'édition, aux arts et aux lettres — en gros, des travailleurs spécialisés de la culture.

L'annexe B fournit la liste et un portrait détaillé des personnes sondées : nous avons eu le souci de calibrer la composition de notre échantillon (groupes d'âge, formation disciplinaire, sexe, origine ethnique, répartition Montréal-région). Il est un facteur, toutefois, sur lequel nous n'avions pas de contrôle : ce sont les aléas des refus de participer. Sur les 256 personnes sollicitées, 141 ont donné suite à l'appel. L'échantillon comporte plus d'hommes que de femmes (56,9 % contre 43,1 %), écart qui paraît refléter la structure et les tendances du monde du travail au Québec dans les domaines d'emploi visés : l'inégalité est à son plus fort parmi les répondants les plus âgés (19 hommes contre 2 femmes chez les plus de 65 ans). Cette disproportion s'inverse toutefois chez les 20-35 ans (20 femmes contre 9 hommes). Cela dit, notre enquête ne prétend pas à une représentativité statistique au sens le plus strict, mais par la place qu'elle fait aux groupes d'âge, aux genres, à la diversité ethnoculturelle et à la variété de la profession intellectuelle, on peut penser qu'elle traduit assez bien les attitudes et les grands courants d'idées ayant cours dans le Québec d'aujourd'hui.

L'ouvrage comprend trois chapitres et quelques annexes. Le premier chapitre présente les résultats de notre enquête-sondage réalisée en 2004-2005. Cette recherche s'appuie sur un bref questionnaire comportant trois grandes questions, chacune assortie de quelques sous-questions (voir exemplaire à l'annexe A). Notre analyse repose sur quatorze typologies très détaillées que nous avons élaborées à partir de l'ensemble des réponses formulées. Elles ont servi essentiellement à repérer les réponses-type aux questions et sous-questions posées, avec toutes les variantes relevées. Y sont également consignés de très nombreux extraits qui nous ont paru particulièrement significatifs ou représentatifs, des énoncés-synthèses et des formules choc dont nous avons nourri notre commentaire[1]. Enfin, le lecteur est prié de noter que le chapitre I est un résumé de l'analyse des questionnaires et qu'il peut se référer au site internet (www.uqac.ca/bouchard/chaire_doc.html) pour avoir accès à un traitement plus détaillé des données recueillies.

Dans les deux chapitres suivants, nous avons tenu à jouer, nous aussi, le jeu de l'enquête en rédigeant chacun de notre côté et sans nous consulter, un essai en guise de réponse au questionnaire. Comme on s'en doute, le jeu était cependant biaisé en notre faveur puisque nos deux essais, rédigés parallèlement à l'analyse des réponses, s'en sont inévitablement nourris. Le lecteur pourra noter certaines divergences dans les diagnostics proposés par les deux auteurs : elles sont bien dans la nature et la manière de cette enquête, décidément inscrite à l'enseigne de la diversité et du fractionnement.

Un mot, enfin, sur l'ensemble des annexes. Outre l'annexe A (questionnaire de l'enquête) et l'annexe B (liste et profil des répondants, tableaux 1-4), le lecteur trouvera, à l'annexe C, les tableaux associés aux aperçus statistiques (tableaux 5-9) et, à l'annexe D, un échantillon d'extraits de réponses destinés à illustrer plus concrètement la diversité des sujets abordés par les répondants. Ces extraits donnent un bon portrait des visions et des humeurs exprimées. La sélection pratiquée à cette fin a cependant représenté une opération difficile, tant le choix était abondant.

CHAPITRE I

Enquête sur l'état de la culture

La culture est-elle en crise ?

La première question posée aux 141 répondants était la suivante : « Estimez-vous que la culture au Québec et dans les sociétés occidentales en général se trouve présentement dans un état de crise ? » Les participants étaient invités ensuite à préciser le sens de leur réponse au moyen de diverses sous-questions. Une abondante matière a pu être ainsi recueillie, aucune contrainte d'espace n'ayant été imposée aux participants.

Avant d'examiner le contenu de ces réponses, il peut être utile de nous arrêter un moment pour étudier les termes de la question, et plus précisément le sens des deux mots « crise » et « culture ». Comme on s'en doute, ceux-ci peuvent être entendus de multiples manières, et la façon de les définir n'est pas sans effet sur le type de réponse qui peut être apportée à la question initiale. Par exemple, si on comprend le mot « culture » au sens d'œuvre (artistique ou intellectuelle), alors les constats sur l'« état de la culture » pourront diverger de façon significative selon qu'on considère la valeur de la production actuelle, les modes de diffusion des œuvres, le niveau de reconnaissance publique ou les conditions de travail des artistes. Le répondant préoccupé par les problèmes concrets auxquels les créateurs font face de manière quotidienne pourra estimer tout à fait légitime de parler d'une « crise de la création » ;

mais s'il s'identifie d'abord en tant que « consommateur » de biens culturels, il pourra partager l'impression, tout aussi fondée, de vivre dans une sorte d'âge d'or de la culture, où la qualité et la quantité des œuvres accessibles n'ont peut-être jamais été aussi grandes. Un troisième répondant, sensible à ces deux aspects, pourra formuler un constat partagé, ambivalent, contradictoire peut-être.

Les choses se compliquent si on entend le mot « culture » dans son sens anthropologique : il s'étend alors au domaine presque sans limite des mœurs, coutumes, mentalités, savoirs, mythes, religions, bref à tout ce qui forme le cœur de ce que nous appelons une « civilisation ». Alors le champ de l'enquête devient aussi vaste que le mot « culture » lui-même, et nombreux ont été les répondants qui ont situé leur réflexion à cette échelle, en remontant jusqu'aux sources de l'histoire occidentale ou en évoquant certains de ses épisodes les plus marquants, afin de pouvoir caractériser correctement la situation actuelle.

Nous avons pris le parti de ne pas imposer de définitions aux concepts de « culture » et de « crise » afin de permettre l'expression d'un large éventail de points de vue. En dépit de son caractère polysémique, le concept de « crise » a été retenu pour des raisons en partie stratégiques : il nous a semblé que c'était un bon angle pour susciter la réflexion, pour la provoquer même, et ainsi accéder à des perceptions plus vastes et plus riches. Ayant alors toute latitude pour comprendre la question dans le sens désiré, chacun des participants s'est trouvé à poser une sorte de diagnostic sur l'état du monde dans lequel nous vivons, comme si, au-delà des termes de la question initiale, la majorité des répondants avait entendu une autre question, plus vaste encore, à laquelle ils estimaient urgent ou nécessaire de répondre : « Comment se porte le monde aujourd'hui ? »

Qu'est-ce qu'une crise de la culture?

Comme nous venons de le voir, la polysémie du mot « culture » modifie d'abord le champ ou l'objet des diagnostics. La polysémie du terme de « crise » s'est avérée tout aussi déterminante et peut-être plus encore que celle du mot « culture ». Car il suffit, en effet, d'entendre le terme de « crise » de manière neutre ou radicale, positive ou négative, pour que change fondamentalement le sens des réponses à la question initiale. À partir des définitions proposées par les répondants eux-mêmes, notre enquête a d'ailleurs permis d'esquisser une typologie sommaire de ce concept. Il est important de le signaler : les participants ont présenté dans leurs réponses de précieux développements destinés à clarifier le sens des termes, au lieu de s'en remettre à une compréhension purement intuitive ou impressionniste de la question d'ouverture.

Quatre sens très différents peuvent être donnés au terme de « crise ». Ils peuvent être répartis sur un axe horizontal où l'on trouve, à une extrémité, les acceptions purement « négatives » de la crise et, à l'autre, ses acceptions les plus « positives ». Entre ces deux pôles se situent les conceptions qui perçoivent la crise comme un phénomène ambigu ou normal, donc ni vraiment bon ni vraiment mauvais :

1) À une extrémité, nous trouvons la crise entendue dans un sens qu'on peut qualifier de radical : elle évoque une grave situation de désordre, une forme extrême de décomposition ou de désorganisation du lien social et du tissu culturel. L'état de crise est alors assimilé à une situation de « désintégration », d'« effondrement » ou de « chaos ».

2) Dans un sens moins alarmiste, la crise peut être comprise à partir de la métaphore médicale ; elle désigne dans ce cas une situation ambiguë, une phase « critique » qui peut se résoudre de manière favorable ou non. L'état de crise s'apparente alors à une sorte de fièvre, celle-ci constituant le symptôme d'une maladie qu'elle s'efforce par ailleurs de combattre. Nous touchons ici à

l'étymologie du mot grec *krisis,* qui signifie « décision » : la crise représente le moment d'un choix ou d'une action devenus nécessaires face à une situation problématique.

3) Dans un sens moins négatif, la crise peut être perçue comme un phénomène normal : inhérentes à la modernité, voire à la civilisation occidentale, les situations de crise ne feraient que refléter le mouvement de l'Histoire. C'est à cette conception de la crise que peut être rapportée la double objection théorique formulée par quelques répondants ayant choisi de « questionner la question », soit que « la culture, par définition, ne peut pas être en crise », soit, inversement, que « la culture, par définition, est toujours en crise ». Ce sont là deux arguments apparemment contraires, mais qui finissent par se rejoindre du fait qu'ils renvoient à une même conception de la vie collective structurée par les tensions, les bouleversements et les conflits.

4) Finalement, la crise peut être abordée dans une perspective clairement positive. Les situations de crise ne représentent pas alors un mal auquel il conviendrait de chercher remède, puisqu'elles seraient un vecteur de progrès permettant la remise en question ou le remplacement d'un ordre devenu sclérosant. Dans cette optique, c'est plutôt une situation où il n'y aurait pas de crise qui serait inquiétante.

Cette pluralité de sens nous a placés devant une première difficulté dans l'interprétation des résultats : pour un répondant qui donne un sens positif au terme de « crise », un « oui » à la question initiale ne renvoie pas à une évaluation négative de la situation. Associés à un constat positif, ces « oui » ressemblent à s'y méprendre à certains « non » qui jugent la situation tout aussi favorablement : « Oui, nous sommes en crise » et « Non, nous ne sommes pas en crise » signifient alors pareillement que la culture se porte bien !

Un problème analogue s'est posé avec un autre groupe de répondants pour qui la situation actuelle laisse à désirer à cause d'une absence de crise. « Non, nous ne sommes pas en crise » doit alors être compris dans un sens négatif : la situation de non-crise est associée à un « déclin », à une « longue agonie ». Suivant cette conception, c'est un retour à l'état de crise qui représenterait une évolution positive : la crise que nous traversons proviendrait, paradoxalement, du fait que cette crise est « étouffée », que nous vivons une « situation de déchéance qui n'a pas les propriétés dynamiques de la crise ». Une vision encore plus sombre consiste à dire que nous sommes entrés de façon définitive dans un « au-delà de la crise ». Le véritable moment de la crise serait « derrière nous » et nous ne ferions aujourd'hui qu'en observer les débris, en vivre les échos.

Ainsi, la réponse : « Non, il n'y a pas de crise » ne signifie pas nécessairement que tout va bien. Et il semble même que les répondants les plus désenchantés par la situation actuelle se trouvent parmi ceux qui ont formulé ce type d'énoncé. Car qui dit « oui, il y a crise » peut toujours espérer qu'on finira par en sortir. Il est, en revanche, beaucoup plus difficile de remédier à une situation très critique qui semble passer inaperçue à l'ensemble de la société.

Aperçus statistiques

Avant d'aborder l'analyse proprement qualitative du matériau recueilli, il peut être intéressant de jeter un bref coup d'œil sur quelques données de nature quantitative, lesquelles nous apportent comme un instantané de l'humeur générale de l'intelligentsia québécoise. La question d'ouverture se prête assez bien à cet exercice, dans la mesure où le nombre des réponses qu'elle pouvait susciter se résume à quelques cas de figure (« oui », « non », « oui et non », « ni plus ni moins », « peut-être », « ne sait pas ») que nous avons effectivement tous relevés au cours de l'enquête.

Comme en témoigne notre discussion sur le sens des termes, il était insuffisant, pour interpréter les réponses à la première question, de nous en remettre à un simple décompte des « oui », « non » et autres cas de figure. Pour être comprises correctement, ces réponses devaient être mises en contexte et évaluées à la lumière des développements fournis par les répondants dans les autres réponses du questionnaire. Dans cette perspective, le problème de savoir si la culture se trouve, oui ou non, dans une situation de « crise » devient, non pas accessoire, mais secondaire par rapport à l'évaluation concrète de la situation actuelle. Trois types d'évaluations peuvent dès lors être envisagés :

1. Les évaluations négatives ou à dominante négative ;
2. Les évaluations positives ou à dominante positive ;
3. Les évaluations ambivalentes.

Les conclusions générales que nous avons pu tirer de ce premier classement (voir le tableau 5, annexe C[1]) sont les suivantes :

1) Plus de la moitié des répondants (51,5 %) formulent une évaluation négative de la situation, alors que 29,2 % formulent une évaluation positive et 19,2 % proposent des constats ambivalents. Il se dessine donc une tendance assez nette en faveur des constats négatifs, quoique les réponses positives et ambivalentes, prises ensemble, sont dans une proportion presque équivalente (49,4 %). La perception qu'ont les intellectuels de la situation n'est donc pas unidimensionnelle et témoigne d'une perception globale plutôt fine et nuancée.

Une autre compilation s'avère possible si on écarte les ambivalents, comme dans les sondages qui ne tiennent pas compte des « indécis », pour nous concentrer sur les participants ayant répondu négativement ou positivement à la question initiale. Comme il apparaît dans le tableau 6, les pourcentages sont alors plus contrastés, avec 63,8 % d'évaluations négatives et 36,2 % d'évaluations positives.

2) La comparaison des données en fonction de l'âge des répondants (tableau 7) permet d'identifier un phénomène assez net : le pourcentage des évaluations négatives augmente progressivement avec chaque classe d'âge, passant de 37,9 % chez les 20-35 ans, à 51,6 % chez les 36-50 ans, à 55,1 % chez les 51-65 ans et, finalement, à 61,9 % chez les 65 ans et plus.

Comment interpréter ce phénomène de désenchantement croissant? Diverses explications viennent à l'esprit. D'un côté, on peut invoquer le traditionnel « optimisme de la jeunesse » et la foi qu'elle éprouve en l'avenir « qui lui appartient ». S'identifiant au temps présent et au nouveau monde techno-informatique qu'elle reconnaît comme sien (bien qu'elle en ait hérité et ne l'ait pas créé), la jeune génération éprouverait une certaine réticence, ou à tout le moins de la difficulté à faire le constat d'une crise de la culture, d'un héritage qui serait en train de se perdre puisqu'elle est elle-même entièrement tournée vers l'avenir. Quelles qu'en soient les causes, cette tendance « positive » contredit l'image qu'on peut se faire d'une jeunesse morose et désenchantée ; et elle confirme en quelque sorte les distinctions établies par les discours générationnels entre la fameuse génération « X », d'humeur sombre et pessimiste, et celle qui l'a suivie, la soi-disant génération « Y », aujourd'hui composée de jeunes adultes dans la vingtaine (la progéniture des *baby-boomers*), davantage festive et en phase avec son époque, ainsi qu'avaient pu l'être ses géniteurs au temps de leur glorieuse jeunesse.

Inversement, on peut faire appel au fait notoire que les générations vieillissantes ont pour habitude de déplorer le cours des choses, la déperdition des valeurs, l'abandon des traditions, les « égarements de la jeunesse », voire la déchéance de la civilisation tout entière. L'humeur nostalgique de la vieillesse serait aussi ancienne que le monde lui-même : le facteur générationnel et la « posture réactionnaire » ont d'ailleurs été identifiés par plusieurs répondants comme étant l'une des causes des constats de crise.

Si ces deux explications contiennent une part de vrai, une certaine circonspection s'impose toutefois, car l'examen des évaluations positives nous réserve une petite surprise. Logiquement, nous devrions nous attendre à ce que celles-ci soient au plus haut chez les jeunes et qu'elles décroissent ensuite avec chaque classe d'âge. C'est effectivement le cas de manière générale, à l'exception du groupe des 65 ans et plus, chez qui l'on observe un niveau d'« optimisme » (28,6 %) plus élevé que chez les 36-50 ans (22,6 %) et les 51-65 ans (18,4 %). On note aussi que ce groupe est moins ambivalent que les autres (9,5 %). Diverses explications pourraient être tentées, mais l'exercice serait un peu périlleux compte tenu du petit nombre de répondants.

3) L'examen des données suivant le genre des répondants (tableaux 8 et 9) ne permet pas de dégager de divergences spectaculaires entre les deux groupes. Les évaluations négatives ou à dominante négative sont légèrement plus marquées chez les femmes (53,6 %) que chez les hommes (50 %). Il en va ainsi dans toutes les classes d'âge, mais l'écart reste mince et ne mérite donc pas qu'on s'y attarde longuement. Les évaluations positives sont par contre nettement plus élevées chez les hommes appartenant aux deux groupes médians, comparativement aux groupes correspondants chez les femmes. On observe ainsi un écart de 31,2 % dans les évaluations des 36-50 ans et de 16,8 % chez les 51-65 ans. À titre d'hypothèse, la justification de ces écarts pourrait être cherchée du côté des conditions de vie (personnelle, familiale ou professionnelle) des répondantes, d'autant plus que ces dernières appartiennent aux premières générations de femmes à avoir intégré le marché du travail. Mais, comme nous l'avons souligné précédemment, ce type d'explication générale doit être envisagé avec prudence. Les écarts que nous venons d'observer s'expliquent en partie aussi par une plus grande proportion des évaluations ambivalentes chez les femmes appartenant aux groupes d'âge médians, où l'on constate des différences de 15 % (pour les 36-50 ans) et de 9,8 % (pour les 51-65 ans).

Soulignons enfin un phénomène assez frappant concernant les deux premières classes d'âge dans le groupe des femmes. Alors que le pourcentage des évaluations positives reste assez haut chez les hommes de 20-35 ans (55,5 %) et de 36-50 ans (41,7 %), on constate une rupture très nette entre ces deux classes chez les répondantes : plus de la moitié (11 sur 20) des 20-35 ans proposent des évaluations positives, proportion qui dégringole à 2 sur 19 chez les 36-50 ans. Ces chiffres donnent l'impression d'une désillusion brutale survenant chez les femmes autour de la mitrentaine, comme si à ce tournant de la vie les rêves de jeunesse venaient à se briser tout d'un coup. Le phénomène pourrait être vu aussi sous l'angle générationnel, comme l'indice d'une coupure plus accusée entre les femmes appartenant à la génération « X » et les plus jeunes appartenant à celle des « Y ». Cela dit, il faut encore une fois se méfier des petits nombres.

Notons enfin une dernière donnée concernant le cas des participants ayant choisi de « questionner la question » et de ne pas y répondre : ce type de non-réponse, dont nous avons relevé huit occurrences, n'a pu être observé que dans le groupe des hommes.

Contradictions et pluralité : penser la complexité québécoise

Ces résultats contradictoires ou fragmentés n'ont sans doute pas de quoi surprendre ; ils reflètent le fait que nous vivons aujourd'hui, en Occident, dans des sociétés plurielles où règnent la diversité des idées, des cultures et la liberté d'opinion. Le désir d'originalité qui sommeille au fond de tout intellectuel a peut-être joué aussi un certain rôle… Parmi toutes les réponses que nous avons recueillies, nous pouvons affirmer en effet qu'elles étaient remarquablement différenciées : à peu près tous les cas de figure et formes d'argumentations possibles semblent avoir été formulés, les termes de la question ayant été apparemment entendus suivant tous les sens concevables.

La tentation peut être grande, face à cette diversité, de déplorer l'éclatement des points de vue et de s'en prendre au démon du relativisme, voire au climat de postmodernité qui donne l'impression que tout peut être dit à propos de n'importe quoi. Il y a effectivement quelque chose d'un peu déconcertant dans le fait qu'un ensemble d'intellectuels appartenant à une même société puissent soutenir simultanément : *a)* que la culture n'est pas en crise et que tout va bien ; *b)* que la culture va mal, mais que cette crise peut être combattue; *c)* que la culture est en crise, mais que cela est une chose bonne; *d)* que la culture, pour aller bien, devrait être en crise; *e)* que la culture ne pourra jamais se relever parce que toute crise est maintenant impossible, etc. Comment réagir face à une telle diversité de points de vue, devant des argumentations aussi diverses mais qui semblent toutes pouvoir se justifier dans une certaine mesure?

La première attitude qui s'impose, nous semble-t-il, est d'accepter de prendre cette complexité « à bras-le-corps », de ne pas simplement nous en détourner par perplexité ou lassitude. Plutôt que de déplorer cette multiplicité, il faut apprécier le fait que l'addition ou la confrontation de ces regards multiples permet de donner une réponse plus fine et nuancée à la question principale (« la culture est-elle en crise? »). Tout indique que nous devrons apprendre à vivre à l'avenir avec ce type d'environnement idéologique : la complexité pourrait bien devenir, en effet, le caractère fondamental de nos démocraties plurielles, ouvertes, multiculturelles, fondées sur la liberté de pensée et d'opinion. Sans que nous en ayons peut-être été assez conscients, elle est le résultat même de nos choix sociaux et politiques.

Dans un premier temps, s'impose donc la nécessité d'établir une cartographie de cette complexité et telle est justement l'ambition de notre enquête. Dans cet esprit, les prochaines sections de ce chapitre permettront d'explorer tout ce qui a été dit (voire : peut se dire?) sur le thème de la crise culturelle aujourd'hui. Notre conviction est que ce travail d'inventaire et de mise en ordre des points de vue constitue un préalable nécessaire à toute discussion nuancée sur la crise de la culture. L'un des buts de cet ouvrage est de pouvoir servir de base à des réflexions futures sur ce thème en permettant d'aller au-delà des discussions préliminaires pour entrer aussitôt dans le « vif du sujet ».

Dans un second temps, nous pouvons observer que cette cartographie n'est pas dépourvue de reliefs. Certaines perceptions sont plus répandues que d'autres, ce qui ne signifie pas qu'elles soient automatiquement plus « véridiques ». Si les aperçus statistiques fournis plus haut ne donnent pas accès à des réponses qui seraient d'emblée « meilleures » que les autres, ils permettent néanmoins de dégager un portrait de l'humeur présente des intellectuels, humeur en elle-même significative et qui porte à conséquence, puisque les intellectuels (entendus au sens large) sont des acteurs de premier plan dans la création et la diffusion de la culture. Cela dit, cette place, qui leur revenait jusqu'ici de bon droit, semble s'être fragilisée dans les dernières décennies avec l'avènement de la « culture de masse » et des « industries culturelles ». Le phénomène a d'ailleurs été évoqué par plusieurs de nos répondants. Une certaine culture en marginalise une autre, et des rapports de force peut-être inédits semblent se dessiner au sein de l'espace culturel. De temps à autre, on entend déplorer la prétendue « disparition » des intellectuels de la scène publique : ces derniers n'en sont peut-être pas les premiers responsables. Cette enquête leur donne la parole en s'efforçant d'être fidèle à la richesse et à la multiplicité des points de vue qu'ils ont exprimés.

Les prochaines sections permettront de plonger au cœur d'une pensée complexe, éclatée même, sur l'état de la culture au Québec. Pour plus de commodité, nous avons rassemblé l'abondante matière recueillie autour des cinq thèmes suivants : a) les manifestations de la crise ; b) les causes de la crise ; c) peut-on combattre la crise ? ; d) les évaluations positives et, enfin e) le Québec en perspectives.

Les manifestations de la crise

Nous commencerons par examiner les réponses des participants ayant proposé une évaluation négative de la situation. Comme en fait foi la nature de leurs constats, la crise de la culture touche à tous les aspects de la vie humaine : polymorphe et ubiquitaire, la crise culturelle, entendue dans son sens large, se manifesterait à grande et à petite échelle, sur le plan de la vie collective aussi bien que sur celui des existences individuelles. Parmi les diverses typologies que nous avons pu constituer, celle qui porte sur la nature et les manifestations de la crise s'est révélée, et de loin, la plus foisonnante. Au vu du présent inventaire qui couvre apparemment tous les sujets de préoccupation possibles, on pourrait en conclure qu'il ne reste qu'une seule chose qui ne soit pas en crise aujourd'hui : c'est le sens critique des intellectuels eux-mêmes, quoique l'excès d'esprit critique a pu être identifié aussi comme un facteur de crise !

La démarche la plus logique, pour présenter ce matériau, consiste à partir du plus général pour aboutir au plus spécifique. Trois grands ensembles se dégagent alors : a) les diagnostics de crise liés aux référents, valeurs et représentations qui fondent notre communauté civilisationnelle ; b) les divers « lieux » de crise, qui correspondent *grosso modo* aux divers champs de la vie en société (politique, famille, éducation, médias, etc.) ; c) enfin, les manifestations de la crise dans le domaine de la culture au sens plus étroit (art, littérature), que ce soit sous l'angle de la création, de la diffusion ou de la réception des œuvres.

Intensité et répercussions personnelles

Il peut être intéressant de situer d'abord les vues des répondants à la lumière de leurs propos concernant l'intensité de la crise et ses répercussions sur leur propre vie. Ces réponses fournissent, pour ainsi dire, le contexte à partir duquel doivent être jaugés les diagnostics de crise ; elles constituent comme une sorte de baromètre : le survol des diverses manifestations de la crise permet d'en identifier les thèmes ou les contenus, mais non sa force même ou son ampleur.

Pour la plupart des répondants ayant formulé une évaluation négative de la situation, l'intensité de la crise allait de forte à très forte. De nombreux superlatifs ont été utilisés pour exprimer cette forte intensité de la crise : grave, extrême, intense, radicale, très profonde. La crise susciterait la fièvre, le vertige ; il s'agirait ni plus ni moins d'une crise « totale ». Affectant le sens même du mot culture, la crise peut être qualifiée de « structurelle ». C'est une crise qui touche tous les âges et toutes les couches de la société. Si la crise est profonde, c'est parce qu'elle est enracinée dans l'histoire — elle est « de longue durée ». Mais c'est aussi parce qu'elle s'est aggravée en regard de ce passé même : pour la première fois dans l'histoire de notre civilisation, la culture serait devenue secondaire par rapport aux biens matériels. La crise actuelle serait « qualitativement et quantitativement beaucoup plus profonde » que les crises passées, « la plus forte en Occident depuis la Révolution française ». Le fait qu'elle ne soit pas perçue comme telle, que peu de gens s'en préoccupent et qu'elle soit créée « en partie par les défenseurs habituels de la culture » contribue également à accroître l'intensité de la crise. Parce qu'on n'en perçoit pas l'acuité, elle devient paradoxalement aussi diffuse qu'intense. On finit par s'y habituer sans ressentir le besoin de la combattre. Son intensité proviendrait pour une large part de son caractère inéluctable et fatal, du sentiment d'impasse et de trop-plein qu'elle suscite ; il est impossible de revenir en arrière et la crise s'intensifie d'année en année, arrivant à un sommet.

Pour un autre groupe de répondants, la crise est intense mais n'atteint pas cette dimension paroxysmique. « Pas encore dramatique mais préoccupante », l'intensité de la crise est qualifiée au moyen d'expressions atténuées (« assez forte », « importante », d'une « assez grande ampleur »), soit parce qu'elle n'a pas encore atteint son intensité maximale, soit parce qu'elle est en train de perdre en intensité (bien que profonde, la crise serait en train de s'essouffler).

Une plus faible proportion estime que la crise est d'intensité « moyenne ». Pas nécessairement plus intense qu'avant, la crise serait magnifiée par les médias ; bien que sérieuse, elle ne serait pas inquiétante. On constate plutôt un état de grisaille, une baisse d'optimisme. Une approche comparative permettrait de décrire assez finement l'intensité de la crise en regard d'autres époques : « moins forte qu'aux lendemains de la Seconde Guerre mondiale ou de Mai 1968, mais plus intense et inconfortable que durant la léthargie des années 50 ».

Le même type de gradation se retrouve dans les descriptions que font les répondants des répercussions de la crise sur leur propre vie. Ce qui fait l'intérêt premier de cet ensemble de réponses, c'est qu'il permet de constater que ces observations ne sont pas de simples constructions intellectuelles : pour la majorité de ceux qui ont formulé un constat de crise, les répercussions sont tout à fait réelles et immédiates.

Plusieurs répondants se disent ainsi affectés par la crise de façon générale et quotidienne. Usant de formulations presque identiques, ils expliquent qu'ils sont touchés dans tous les aspects de leur personne, aussi bien sur le plan intime que le plan professionnel, en tant qu'être humain, citoyen, enseignant, parent, femme, artiste, écrivain, etc. D'autres évoquent l'aspect émotionnel, les sentiments difficiles ou troublants que l'expérience de la crise fait naître en eux : « tristesse, colère et déception », « sentiment de vertige », « nostalgie mêlée à de l'indignation ». Chez plusieurs, les répercussions de la crise se manifestent sur le plan moral : elles prennent la forme d'un sentiment de vulnérabilité (« je n'ai pas de niche où je peux me réfugier ») ou d'un sentiment d'exil ou de divorce avec le monde (« Ce en quoi je crois personnellement a perdu de la valeur », « Cette situation m'ennuie profondément, mais je ne peux rien y faire »).

Comme en fait foi l'ensemble de ces propos, la question de la crise de la culture ne peut pas être qualifiée d'« académique ». Ses répercussions sont concrètes et vivement ressenties par ceux qu'elles préoccupent. Le caractère ubiquitaire de la crise contribue également à donner l'impression qu'elle serait d'une forte intensité, comme l'ont estimé la majorité des répondants ayant proposé une évaluation négative de la situation. Nous examinerons maintenant les diverses figures de la crise de la culture, telles qu'elles ont été identifiées par ces derniers.

Une crise des référents

À l'échelle la plus étendue qu'on puisse concevoir, le type de crise à laquelle nous aurions affaire peut être désigné comme une « crise du sens ». De nombreux répondants ont abordé ce thème général en évoquant la perte des repères, l'épuisement des référents, la fin des grands récits ou la dissolution des mythes fondateurs de l'Occident. Rejetant le recours à l'autorité et à la transcendance, notre époque aurait provoqué la suppression des lieux où se construit le sens commun. Aveuglés par un esprit « managérial » qui repousse la question des finalités ultimes, nous souffrons de l'absence d'une anthropologie fondamentale : seuls les besoins primaires restent encore concevables.

Cette crise du sens peut être vue comme le résultat d'une pensée déficiente : ignorance, perte de l'esprit de synthèse, étroitesse d'esprit, absence de questionnement profond, bannissement de tout ce qui est lointain, difficile et inquiétant, affaiblissement de la pensée analytique, absence d'une vision globale, cohérente et profonde de la nature humaine, faillite quotidienne du jugement moral et intellectuel, incapacité à définir ce qui change et ce qui ne change pas. Ce sont là diverses façons de dire que nous vivons à une époque qui ne sait plus penser ou qui ne pense plus à ce qui est vraiment important. Si nous sommes face à une crise de la culture, ce serait notamment à cause de notre incapacité à penser la crise.

Une autre série d'énoncés vise moins ces déficiences de la pensée que des dispositions mentales liées à certaines modes ou courants intellectuels ayant pour effet d'induire le doute et la confusion. Le relativisme est ici pointé du doigt et tout ce qu'il entraîne avec lui : égalité des discours, effacement des distinctions, abolition de l'effet de vérité, démocratisation du doute et de l'incertitude, banalisation des questionnements fondamentaux, séparation de la pensée et de l'acte, remise en question gratuite et systématique, questionnements sans fin et sans désir de réponse, mouvement général d'indifférenciation, affaiblissement de la pensée analytique au profit d'une vision holiste créatrice de confusion...

Deux autres motifs de crise peuvent être inclus dans le sillage de la crise du sens. C'est le cas, d'abord, de la crise du langage (ou de la langue) : si le sens de chaque mot fait problème et que le langage cesse d'être un outil de communication, on ne peut que sombrer dans une « cacophonie des discours malgré l'apparente unité des mots ». En instaurant un divorce entre le réel et le langage, la langue de bois et le jargon de la rectitude politique accentuent ce brouillage du sens ; et l'on peut en dire autant de la dévalorisation de la langue sous ses diverses manifestations : conception utilitaire, monopole de l'anglais (lui-même appauvri), détérioration de la langue écrite et parlée.

La « crise des savoirs » peut être associée, de même, à la crise du sens. Elle concerne notamment le champ universitaire, envers lequel beaucoup de répondants (universitaires eux-mêmes) ne se montrent pas très tendres, en dénonçant le technocratisme des institutions, la logique du court terme et de l'efficacité, le carriérisme et le fonctionnariat, la surspécialisation des savoirs et la dérive des sciences humaines qui s'éloignent de leur objet véritable. Plus largement, ce qui entretient la crise du sens et des savoirs, c'est le mépris de la société pour le travail intellectuel, la démission intellectuelle des élites et la croyance que tout le monde sait tout faire et peut juger de tout.

La crise générale des repères serait liée, en second lieu, à un ensemble de facteurs que nous pouvons réunir sous le chapeau de la crise des valeurs et de la crise religieuse. Nous retrouvons ici les thèmes habituels de la critique morale de notre temps. Au sommet de ceux-ci trône sans surprise l'égocentrisme : caprices du moi, hédonisme, opportunisme, manque de compassion, idéologie du « vécu », culture de la transparence et de l'hyperexpressivité, exhi-

bitionnisme individuel ; tous ces traits témoignent d'une inflation narcissique visant à compenser la soumission des individus à
des déterminismes (d'ordre économique notamment) donnés
comme tout-puissants. Le matérialisme est le deuxième aspect
dominant de la crise morale : obsession de l'argent, confort et
indifférence, embourgeoisement de la culture sont les symptômes
d'un monde où l'argent autorise tout. Celui-ci aurait anéanti les
diverses formes d'autorités morales auxquelles l'humanité s'en
était remise jusque-là. Il serait aidé dans ce travail de sape par une
attitude typiquement moderne fondée sur la désinvolture, l'irres-
ponsabilité et le culte aveugle de la transgression.

De façon plus générale, c'est le règne des fausses valeurs qui est
dénoncé par les répondants (vulgarité, banalisation de la violence,
idéologie de la performance, conformisme) ou, inversement, l'absence de valeurs positives communes : pas de consensus sur les
valeurs fondamentales du mariage et de la famille, perte de légitimité des valeurs de stabilité, d'engagement, de don et d'espérance,
déni de l'autre, de la souffrance et de la mort. L'oubli des valeurs de
culture et de morale résulte en partie de la régulation éthique de
nos sociétés-systèmes : la morale est confondue avec une éthique
machinalement appliquée par le biais de mesures procédurières.
Ce double problème — règne des fausses valeurs et absence de
valeurs positives — a comme effet pernicieux d'engendrer une
perte de confiance, un climat de cynisme, de morosité et de désabusement généralisé. Ainsi, comme plusieurs l'ont souligné, une
crise de confiance est particulièrement grave en ce qu'elle mine le
désir même de vaincre la crise et la croyance que celle-ci peut être
vaincue.

Les deux thèmes de la perte des repères et de la crise des
valeurs se retrouvent fréquemment sous la plume des répondants qui adhèrent au diagnostic d'une crise religieuse, par
exemple en évoquant le désenchantement du monde ou le déracinement culturel causé par la sécularisation. La dimension addi-
tionnelle que contiennent ces diagnostics porte sur la religion elle-

même ou le sentiment religieux, affectés par le « laïcisme mur à mur », le manque de spiritualité, la remise en question de la religion et de l'Église, l'oubli du sacré et l'abandon des rites, la perte de la tradition chrétienne chez les jeunes, la célébration de fêtes ayant perdu leur signification profonde. À ces problèmes généraux liés à la conjoncture de sécularisation, s'ajoutent des problèmes plus spécifiques, comme la montée du terrorisme islamiste, la crise d'intégration du pluralisme religieux et la culture de victimisation au sein de la pensée religieuse.

La crise dans le rapport au temps peut être vue comme l'une des causes profondes de la crise des référents, dans la mesure où elle porte sur la possibilité même de se doter de points de repères solides et stables. Un nombre important de répondants a dénoncé ce qu'on peut appeler le « culte de l'actuel », dont la conséquence immédiate est d'annuler toute forme de lien ou de rapport avec les modèles du passé. Ce culte du présent (ou « présentisme ») est critiqué en tant que tel, comme frénésie de l'immédiat, obsession du court terme, glorification de la spontanéité, improvisation des idées et des émotions. Sous l'angle du passé, il témoigne d'un oubli des racines, d'un fossé entre les cultures classique et actuelle, d'une ignorance et d'un rejet de la mémoire. Comme si elle cherchait à se conforter dans son amnésie, la modernité (ou la postmodernité) se fait une conception négative de la science historique, « qu'elle réduit à une entreprise de domination ou d'occultation des mécanismes du pouvoir ». Enfin, sous l'angle de l'avenir, le culte de l'actuel prend l'allure d'une fuite en avant qui cause une accélération du temps ; ses principaux attributs sont le manque de persévérance, l'absence de réflexion à long terme et la perte de croyance dans un avenir de salut. Lorsque le présent devient objet de culte, c'est l'avenir et le passé qui se trouvent bloqués.

Lieux de crise

Le déficit de sens qui résulte de la perte des référents crée un espace général de crise. Au sein de cet espace, peuvent être identifiés différents lieux où la crise se manifeste avec une acuité particulière. Notons que ces lieux de crise et le cadre général dans lequel ils s'insèrent entretiennent des liens de continuité : par exemple, la « crise de la famille » peut être vue comme une conséquence de la perte des traditions et du rejet de l'autorité, en même temps qu'elle contribue à nourrir ou à amplifier ces deux « causes » de la crise. Les lieux de crise sont multiples : ils touchent l'environnement, les communautés, la sphère politique, le monde de l'éducation, la famille, la jeunesse et les individus eux-mêmes.

Pour plusieurs répondants, c'est le rapport imaginaire ou symbolique de l'homme à son espace qui est devenu critique : faible sentiment d'appartenance au territoire, perte du lien avec la nature ou avec ses racines terrestres. Peu soucieux de son rapport à l'environnement, l'homme détruit et renie son propre habitat. La crise dans le rapport à l'espace se transforme en crise écologique, avec toutes les conséquences que l'on sait (pollution, réchauffement de la planète, changements climatiques, surexploitation des ressources naturelles).

Derrière cette crise écologique se profile le démon du progrès : obéissant à une logique utilitariste, la science évacue le problème des limites éthiques ; elle développe le « comment » et ignore le « pourquoi ». C'est en raison de cette attitude qu'elle conçoit des technologies destructrices ou dont les bienfaits à long terme semblent discutables. La crise technologique affecte l'environnement naturel, mais elle touche l'homme de façon immédiate à travers les supposées « avancées » de la génétique. L'application des modèles informatiques à toutes les sphères de la société est une autre illustration de ses effets douteux.

Ces développements destructeurs de la technique vont de pair avec des intérêts de nature mercantile. Nous touchons ici à l'un des thèmes les plus souvent évoqués par les répondants. Nous l'avons déjà croisé en parlant de la crise des valeurs et du matérialisme et nous aurons l'occasion d'y revenir dans le contexte de la création culturelle. Sont ici dénoncés le néolibéralisme, le capitalisme monétariste, la mondialisation du capital, l'écart grandissant entre les pays riches et les pays pauvres, la privatisation, la culture de compétition et la dépendance au travail, le mimétisme consumériste et la culture de consommation. Dans une perspective plus large, c'est la fausse idée que nous nous faisons de la place de l'économie dans le monde qui est mise en cause, avec ses conséquences néfastes : la marchandisation de l'existence et la perte d'autonomie des champs culturels et symboliques.

Si la logique combinée du progrès technologique et du marché en mène aussi large, cela dépend pour une bonne part de la faiblesse des contre-pouvoirs. Aux yeux de plusieurs répondants, le politique est aujourd'hui en crise, notamment à cause du capitalisme qui a eu pour effet, voire pour objectif, de remettre en cause le rôle de l'État et de fragiliser les États nations. Il en a résulté une crise du nationalisme et des idéologies dominantes, comme en témoigne la chute du communisme « qui n'a pas mené au renouvellement de la gauche ». Les repères culturels nationaux ont été brouillés sous l'impulsion de la mondialisation, laquelle cause un déchirement entre le *global village* et l'affirmation de soi. Les États sont maintenant gérés à court terme et la gouvernance s'effectue par sondage plutôt que par analyse. La responsabilité de ce gâchis est partagée : elle revient en partie aux dirigeants — « les imbéciles ont le pouvoir » —, aux élites intellectuelles — c'est « le silence des clercs » — et aux citoyens qui se désengagent de la chose publique, désormais diluée dans une multitude de sujets d'intérêts. Cette dynamique d'incompétence et de méfiance mêlées sécrète le doute à l'endroit des discours rassembleurs et des projets collectifs ; elle culmine dans un sentiment d'impuissance à agir sur le monde.

Dans un même ordre d'idées, plusieurs répondants déplorent ce qu'on pourrait appeler une crise de la communauté, ou encore une crise de la sociabilité, de la solidarité ou de la société civique. Ses manifestations sur le plan des comportements, des attitudes et des mentalités ne sont pas sans rappeler les divers sous-thèmes réunis sous le titre de la crise morale et de la crise des valeurs. La récrimination de loin la plus fréquente vise l'individualisme, le repli égotiste, le retrait dans la vie privée. La société atomisée, simple « agrégat de personnes », est l'image à grande échelle de ce manque de solidarité entre les individus et entre les groupes (séparation de l'élite et du peuple, évolution en parallèle des générations et des genres), voire d'un ersatz de solidarité qui se maintient de manière purement fonctionnelle. Sur le plan symbolique, l'atomisation sociale se manifeste dans l'appauvrissement de nos pratiques de ritualité et dans l'indifférence et la légèreté dont nous faisons preuve à l'endroit des rites de passage. Le légalisme nous tient lieu de ciment culturel, mais on assiste en réalité à un épuisement du droit civil, à une absence de consensus sur les problèmes sociaux et à une confusion des rôles au sein de la société.

Cette crise qui affecte la définition du bien commun se répercute dans les rapports avec l'autre et avec les minorités, lesquelles sont souvent tenues à l'écart par une inquiétante culture du consensus. L'intégration socioéconomique reste difficile pour les immigrants et on assiste à un retour des réactions racistes et xénophobes. Les Premières Nations du Canada sont encore et toujours marginalisées et il règne, à l'échelle mondiale, un climat de méfiance et de violence entre les peuples. D'une manière plus indifférenciée, on observe la dégradation des rapports interpersonnels en général (fragilité du civisme, rapports sociaux affectés par le stress, la frustration et la violence, illusion de proximité créée par les technologies de communication, rapports humains superficiels).

Les éléments de crise qui affectent la société en général s'immiscent aussi dans le milieu de l'éducation. Il aurait été souhaitable que celui-ci reste imperméable aux errements de la collectivité, qu'il constitue un espace « à part », une sorte de forteresse de la transmission culturelle, mais il n'en est pas ainsi selon l'évaluation de plusieurs répondants. L'éducation se serait « massifiée » et serait désormais assujettie à des critères d'efficacité quantifiables, à la dictature de l'emploi et à l'obsession des compétences; le savoir-faire règne aux dépens du savoir-être et du savoir-vivre. La transmission des valeurs et de l'héritage culturel n'est plus au cœur de l'éducation : ces dimensions sont carrément ignorées. Le cours classique préparait mieux à la réflexion critique.

Restent les lieux de crise que nous pouvons rattacher à la sphère de l'intimité, même s'ils comportent une dimension sociale. Bien que vécue entre les quatre murs d'une résidence, la crise familiale n'en constitue pas pour autant un phénomène isolé : nul ne peut se croire immunisé contre un contexte social où la dislocation de la famille, l'oubli des ancêtres, la recomposition des liens de parenté et les « bricolages familiaux sans règles ni avenir » sont en train de devenir la norme. La crise de la famille et de l'éducation ne sont pas étrangères à la crise de la jeunesse et à ses manifestations : souffrances et inquiétudes à cause des transformations de la famille, enfants peu aimés de leurs parents, culture de facilité à l'école, manque de défis pour les garçons (les filles s'en tirent beaucoup mieux), éducation négligée, décrochage, illettrisme, délinquance, désespoir chez les jeunes hommes, suicide. Attirés par les héros d'un jour, les jeunes d'aujourd'hui souffrent d'un problème d'ancrage; ils font preuve d'indifférence et de cynisme sur le plan politique et moral. Enfin, l'individu lui-même, le moi de l'individu, peut être un lieu de crise : comme le note une répondante, toute crise est d'abord vécue et témoigne d'un désarroi, lequel peut prendre des formes plus ou moins inquiétantes : vide identitaire, solitude, maladies nerveuses, refus de vivre.

Crise de la culture

Les diagnostics précédents envisageaient la culture au sens large; nous en venons maintenant à son acception restreinte, quoique, ici encore, nous devrons élargir le champ d'investigation en ne nous limitant pas au seul domaine de la création et de la consommation des arts d'«élite». Dès que l'on examine le problème de la diffusion et de la réception des œuvres, il est difficile en effet de faire abstraction du rôle joué par les médias, qui prennent une part active dans le façonnement des goûts du public et dans la sélection des œuvres promues et célébrées. Les médias ont d'ailleurs été l'objet, ou plutôt la cible, d'un nombre important de commentaires et d'observations de la part des répondants. Nous commencerons donc par examiner cet aspect de la crise culturelle.

Ce que plusieurs répondants appellent la «crise des médias» comporte plusieurs facettes. De façon générale, elle peut être attribuée à la faiblesse des contenus ; triomphe de l'opinion, complaisance, discours vides soumis à la logique des marchés sont autant de manières de nommer cette faiblesse, dont le tort additionnel est de mener à la fabrication d'un univers factice fondé sur l'autoréférence, c'est-à-dire sur l'autocongratulation et le culte du vedettariat. Tout cela, bien entendu, ne contribue pas à une meilleure compréhension du réel, mais au brouillage des limites entre le virtuel et la réalité, à la création d'un monde «compensatoire et euphémisant» qui évite la polémique et les débats. D'autres participants déplorent l'infantilisation des masses par les médias, l'abrutissement causé par la publicité, la production de téléconsommateurs livrés à des instincts primaires et la culture étatsunienne de divertissement. Enfin, se pose le double problème du monolithisme des discours et de l'excès d'information : d'un côté, nous subissons le matraquage d'informations uniformisées dû à la convergence des médias ; et de l'autre, nous faisons face à une accumulation d'informations non analysées, à un surplus d'information ingérable. Tout se passe comme si les médias disposaient d'une puissance de transmission qui n'aurait d'égale que la faiblesse des contenus véhiculés.

Les médias seraient ainsi l'un des principaux agents dans la crise de l'inculture. Pour bon nombre de répondants, la crise de la culture se manifeste de la sorte sous sa forme négative, en tant qu'absence. C'est la société dans son ensemble qui est alors visée : société réfractaire à la vie intellectuelle et qui tient en piètre estime les valeurs artistiques. Il existe plus d'une façon de malmener la culture. On peut d'abord l'ignorer ou la marginaliser : négligence, désintérêt, évacuation, étouffement, « déculturation » de nos patrimoines et dédain du public pour les formes d'art exigentes. Ensuite, la culture ou les cultures peuvent être uniformisées sous l'impulsion de la mondialisation homogénéisante (qui coïncide le plus souvent avec un processus d'américanisation). On peut également vider la culture de son sens en la transformant en produit de consommation. La culture est ainsi rabaissée, avilie : une culture dégradée usurpe la place d'une culture plus noble et authentique. Plusieurs répondants ont déploré le nivellement vers le bas et la superficialité de la culture de masse sous toutes ses formes : culture du divertissement, culture du spectacle, culture de l'extrême, culture du n'importe quoi, fast-food culturel et, même, culture de l'inculture. Cette fausse culture ou pseudo-culture est d'autant plus nocive qu'elle est omniprésente (c'est l'hégémonie de la culture populaire étatsunienne qui est ici encore montrée du doigt) et qu'elle détourne le public d'une culture plus riche et substantielle : culture de masse qui endort l'esprit, préséance de l'image sur l'écriture, omniprésence d'humoristes médiocres et vulgaires qui se complaisent dans la dégradation de soi, dénigrement de l'activité intellectuelle, endoctrinement des masses et accentuation du clivage entre culture d'élite et culture populaire.

Viennent enfin toute une série de problèmes liés aux conditions spécifiques de la création artistique ou culturelle. Ceux-ci sont de deux ordres. Il y a d'abord ceux qu'on peut qualifier de « matériels ». Nous trouvons ici, au premier chef, les doléances visant le manque de fonds pour la culture, le faible soutien des gouvernements et la pauvreté des artistes. Les préoccupations concernant la diffusion des œuvres occupent aussi une place importante. Une sorte de cercle vicieux rend la situation particulièrement difficile : d'une part, le public est restreint ; de l'autre, l'espace accordé à la culture exigeante est de plus en plus exigu. La concentration des activités dans la métropole montréalaise complique les choses pour les artistes et les écrivains vivant en région. L'hégémonie de la culture de masse est largement responsable de ce problème de diffusion. La crise de l'inculture est encore une fois dénoncée, mais selon le point de vue des créateurs qui se trouvent marginalisés par la présence tapageuse de la culture de masse et le bruit de fond insignifiant des productions médiocres. Le nivellement vers le bas des goûts et des attentes a comme effet pervers d'infléchir la création elle-même : le choc entre la culture d'élite et la culture démocratisée se traduit par une prolifération des formes d'art inféodées par la recherche du scandale et de l'originalité tape-à-l'œil. Enfin, problème paradoxal, la diffusion de chaque œuvre singulière se trouve compromise par un contexte de surproduction et d'affolement festivalier : la surabondance crée un effet de saturation ; le foisonnement des œuvres crée une illusion de vitalité...

Le second ordre de problèmes est de nature « symbolique » (et il sera donc plus difficile ici d'imaginer des correctifs concrets) : c'est la perte de légitimité de l'art et du rôle de l'artiste qui est déplorée. La société dévalorise ses artistes, ses intellectuels et ses travailleurs culturels. Le manque de reconnaissance émane également de pays phares comme les États-Unis ou la France. Intériorisé par les Québécois, ce dédain ou cette indifférence prend la forme d'un « syndrome du colonisé au détriment de la production québécoise ». Pour quelques répondants, les artistes et écrivains ne seraient pas étrangers à leurs propres malheurs : la littérature se confine à l'intime et l'art a perdu son pouvoir subversif. Le prolétariat culturel subventionné se contente de jouer les fous du roi pour la société du plaisir...

Les causes de la crise

La section précédente avait pour but de décrire les diverses manifestations de la crise. Il s'agira maintenant d'en cerner les causes. Or, comme nous pourrons le constater, il n'est pas toujours facile d'établir une distinction nette entre causes et manifestations de la crise. Par exemple, un répondant peut très bien identifier la marchandisation ou l'individualisme comme étant deux causes de la crise de la culture, alors qu'un autre y verra plutôt des « manifestations », en accordant la priorité à d'autres facteurs jugés plus déterminants (tels la crise du sens ou la crise de l'autorité). L'identification des « causes » et des « manifestations » paraît ainsi relever d'un ordonnancement subjectif des phénomènes; à tout le moins permet-elle, par le retour et l'insistance de certains thèmes, de dégager quelques reliefs dans les nombreuses manifestations de la crise que nous venons d'évoquer.

Les diverses causes de la crise identifiées par les répondants peuvent être regroupées en trois sous-ensembles: *a*) les causes liées au contexte général; *b*) les causes de nature philosophique ou morale; et, enfin *c*) les causes liées aux carences des institutions devant faire office de relais culturels. Bien entendu, ces sous-catégories peuvent parfois se recouper.

Causes liées au contexte (mondial, économique, technique)

La culture serait d'abord en crise à cause du contexte historique et mondial au sein duquel elle est immergée, contexte qui se présente pour plusieurs comme une force essentiellement inhibante. Sous l'angle temporel, sont évoqués le poids de l'histoire et les effets des dynamiques de longue durée. Sous l'angle spatial, le contexte apparaît écrasant parce qu'il est planétaire. La mondialisation est ainsi mise en cause sous l'un ou l'autre de ses aspects: mondialisation des marchés, toute-puissance des corporations transnationales, brouillage des identités culturelles, ouverture radicale des frontières, ampleur des migrations; le gigantisme de la mondialisation engendre des sentiments d'impuissance et de fatalisme. Dans la conjoncture actuelle, celle-ci se résume à l'impérialisme des États-Unis, sans rival depuis la chute du régime soviétique. Est aussi évoqué le problème de la confrontation avec l'islam fondamentaliste, « tenté de retrouver son passé glorieux à cause d'un avenir bloqué ».

Pour de nombreux répondants, le contexte actuel se définit d'autre part par le règne de la pensée économiste. Outre la mondialisation des marchés, sont dénoncés le triomphe du néolibéralisme, la concentration des capitaux, le capitalisme abstrait et anonyme, l'hégémonie et la folie de l'argent, l'extension de la logique capitaliste à tous les champs humains et dans l'administration du bien public, le conservatisme social, la société de consommation, la dépersonnalisation causée par l'industrialisation et l'accroissement des inégalités. Dans le champ culturel proprement dit, les répondants mentionnent la marchandisation et l'industrialisation de la culture, le sous-financement des secteurs culturels et, de façon plus globale, la subordination de la culture à l'économique.

Enfin, notre monde est aussi largement façonné par les avancées de la science et de la technique, lesquelles paraissent obéir à une logique propre et sans égard aux conséquences négatives qu'elles peuvent avoir sur l'ensemble de nos vies. Biotechnologies et technologies informatiques sont soumises elles aussi aux lois du marché, tandis que les progrès de la génétique ont pour effet de brouiller les frontières de l'humain. Le privilège exorbitant accordé à la technique s'exerce au détriment de tout ce qui relève du symbolique : la cybernétique et l'Internet relativisent les contenus, empêchent la pensée critique et fabriquent un monde virtuel; les scientismes parasitent le champ de la morale et de la politique; l'omniprésence du discours scientifique évacue la place du rêve et de la mythologie.

Causes philosophiques et morales

Les causes de nature philosophique ou morale façonnent le contexte général au même titre que les précédentes; mais nous pouvons considérer qu'elles forment un sous-ensemble du fait qu'elles appartiennent à la sphère spécifique de l'esprit.

Certains courants philosophiques sont ainsi perçus comme étant responsables de la crise de la culture. Parmi eux: la modernité au sens large (depuis la Révolution française) et la conception du progrès qui lui est associée. Suivant une vision opposée, la situation de crise découlerait plutôt de l'épuisement de la modernité fondée sur l'individualisme et l'utilitarisme, aucune solution de rechange n'ayant été trouvée dans les courants qui lui ont succédé, nommément « les philosophies postmodernes antihumanistes prônant la mort du sujet ». L'extension du naturalisme et la sécularisation des fondements philosophiques sont également désignés. Mais plutôt que d'être liée à un courant philosophique particulier, la crise pourrait aussi découler de l'affrontement entre plusieurs visions du monde, *a fortiori* lorsque ces dernières se sont appauvries ou radicalisées, comme c'est le cas avec l'héritage des Lumières (colonialisme, capitalisme outrancier, injustices politiques), la postmodernité relativiste et l'islam fondamentaliste.

Plutôt que de blâmer tel ou tel courant philosophique, d'autres répondants déplorent le manque ou l'absence d'une pensée philosophique forte et stimulante. Nous retrouvons ici le thème de la perte des référents (disparition des grands récits, processus général d'indifférenciation, relativisme intellectuel et moral, culture jugée superflue, laïcisation des repères ayant mené à un grand vide). D'autres soulignent l'hostilité à l'égard de la réflexion critique (anti-intellectualisme nord-américain, intolérance pour la pensée réfléchie), hostilité visant à satisfaire des modes de pensée réducteurs et simplistes.

Le tableau des causes morales recoupe pour l'essentiel les diverses manifestations de la crise des valeurs examinées plus haut.

Ce recoupement illustre la difficulté qu'il y a à distinguer entre causes et manifestations de la crise. Un premier groupe d'énoncés identifie ce qu'on pourrait appeler les « défauts de l'époque » : règne absolu du confort et du plaisir, satisfaction des pulsions individuelles, culture de la facilité, superficialité, surabondance des choix, égoïsme, avidité, indifférence, individualisme, société fondée sur l'hyperexpressivité. Un second groupe souligne les carences proprement morales de cette époque narcissique et jouisseuse : déclin ou éclipse de l'intériorité et de la capacité de recueillement, disparition de la fonction morale de la culture, déshumanisation, affaiblissement des valeurs chrétiennes, oubli de l'autre, éthique fondée uniquement sur le droit. Privée de barrières morales pour l'endiguer, la pulsion de mort se déchaîne en toute liberté chez les artisans de la guerre et des conflits.

Sous les deux thèmes du « désengagement civique » et du « déclin des valeurs communautaires » peuvent être rassemblés les énoncés qui accusent la faiblesse du lien social, non seulement dans les faits mais en tant qu'effet désiré ou désirable pour l'ensemble de la collectivité (et c'est à ce titre que le problème de la société atomisée prend une dimension qu'on peut qualifier de « morale » ou « philosophique »). Vue sous cet angle, la situation de crise découlerait, d'une part, d'un état social insatisfaisant — démocratisation incomplète, idéaux de justice et d'égalité non réalisés, difficulté à intégrer les néo-Québécois, conflits entre ethnies, entre genres, entre générations, dépendance excessive au travail qui empêche l'engagement, culture de compétition et course à la réussite sociale, *baby-boomers* occupés à s'enrichir. Mais elle résulterait aussi d'un refus de chercher des solutions, de faire bouger les choses, que ce soit de la population en général (méfiance et cynisme face à la chose publique, manque d'enthousiasme pour les projets collectifs) ou bien de la part des élites (désenchantement de la population scolarisée, absence de porte-paroles, « mutisme des sages »).

Carences des institutions et des relais culturels

Entre un contexte général qui semble obéir à ses propres lois et l'espace intérieur dessiné par l'ensemble des idées, croyances, valeurs et mentalités de notre temps, se situent les institutions, dont l'ultime raison d'être est d'assurer la survie et la continuité de nos sociétés en remplissant la fonction de relais culturels. Lorsque ces institutions faiblissent ou ne jouent pas leur rôle adéquatement, la transmission de la culture devient problématique. Des lacunes importantes ont été identifiées dans les institutions politiques, médiatiques et scolaires, de même qu'en ce qui regarde la fonction de transmission au sens large.

Une crise des institutions politiques ne constitue pas *stricto sensu* une crise de la culture, mais elle participe d'une crise générale des institutions, qu'elle précipite en éveillant le doute quant à la solidité, voire la légitimité de toute structure institutionnelle. Pouvoir irrespectueux des individus, médiocrité des leaders, absence de relève politique, affaiblissement du pouvoir des États, échec du référendum de 1995, errements de la gauche culturelle sont quelques figures du désenchantement attribué aux carences, aux manquements du politique.

Dans un monde idéal, les médias joueraient un rôle positif et salutaire dans la transmission de la culture. Or, si on se fie aux jugements des répondants, les médias ne seraient pas seulement en dessous de ce qu'on peut attendre d'eux à cause de leur caractère superficiel et de la faiblesse des contenus, mais ils exerceraient une influence néfaste en amplifiant la cacophonie des intervenants dans le discours public et en perpétuant les conformismes et les exclusions. Soumis au pouvoir de l'argent et à la concentration des canaux de diffusion, les médias nous assomment avec de la publicité sauvage et un trop-plein d'information ingérable. La culture de masse y est célébrée ; les humoristes sont omniprésents et on enlaidit tout.

Le milieu de l'éducation est — ou devrait être — un autre

agent puissant dans la transmission de la culture. Malheureusement, ici encore le bât blesse. D'une part, parce que la société ne valorise pas l'éducation : négligence des parents et de la société à son endroit, pauvreté des bibliothèques, dégradation de la figure du maître, priorité donnée à l'instruction plutôt qu'à l'éducation, accès difficile aux études postsecondaires ; et d'autre part, parce que les écoles, les maîtres, le réseau d'enseignement dans son ensemble ne sont pas à la hauteur de la tâche : médiocrité du système scolaire, laisser-aller, nivellement vers le bas, manque d'éducation à l'art et à la culture, coupure entre l'Université et le monde culturel, oubli de la mission principale de l'éducation qui est de transmettre la culture.

Ces carences observées dans le milieu de l'éducation sont le reflet d'un phénomène beaucoup plus large, qui affecterait l'ensemble de la société : ainsi, c'est la modernité toute entière qui serait peu soucieuse de continuité et de transmission. Cette situation découle, en premier lieu, d'une modification dans le rapport au temps : dévalorisation de la longue durée, accélération du temps, besoins immédiats imposés par la logique marchande, incroyance face à l'avenir. Comment transmettre l'héritage culturel lorsque prévalent l'oubli, le réflexe de la table rase et le refus global ? Le second aspect du problème peut être attribué à la supposée « démocratisation » culturelle, avec toutes les conséquences qui en découlent : les élites sont mises à l'écart dans la définition de la culture ; les professions libérales ont cessé de s'en réclamer ; la création de formes nouvelles prime la transmission de l'héritage ; l'écrit est dévalorisé. On finit ainsi par accorder peu de reconnaissance à l'art et à la culture et on accède à une situation de « déshéritage intégral ».

Peut-on combattre la crise ?

La plupart des répondants ayant formulé un constat de crise ont répondu « oui » à cette question. Nous pouvons en conclure que les diagnostics de crise ne témoignent pas d'emblée d'une vision « pessimiste » de la situation ; pour ces répondants, des moyens d'action restent concevables et la situation de crise peut être combattue. Comme nous l'avons noté plus haut, les répondants les plus désenchantés semblent se recruter, paradoxalement, parmi ceux pour qui il n'y a pas de crise et pour qui tel est justement le problème. Dans cette optique, formuler un constat de crise ne serait certes pas une bonne nouvelle, mais à tout le moins un début de solution (de la même façon qu'un problème, dit-on, est à moitié réglé à partir du moment où on l'a correctement identifié).

Différents motifs ont été invoqués par les répondants pour justifier leur confiance dans notre capacité à sortir de la crise. Il peut s'agir d'une simple foi en l'humain ou bien de la croyance qu'un nouvel humanisme est en train de naître. D'autres répondants font appel à notre sens du devoir face aux générations futures ou à notre foi dans l'action. Suivant un raisonnement plus prosaïque, la crise de la culture peut être combattue parce qu'elle est d'origine humaine. Tout ce que l'homme fait, il peut aussi le défaire : « Le mouvement de crise résulte lui-même très largement d'interventions idéologiques sur lesquelles nous pouvons agir. »

Un thème principal se dégage dans les réponses de ceux ayant estimé, au contraire, qu'il était impossible de « sortir » de la crise et qu'il était donc vain de chercher à la combattre ; c'est le thème de la « pente funeste » ou du mouvement qui ne peut être arrêté. Cette idée est exprimée soit en termes abstraits, soit comme un état de fait : « on ne peut pas reculer dans le temps » ; « les moyens de destruction dépassent les moyens de réflexion » ; « l'ère des bavardages et des superficialités semble difficilement modifiable ». La métaphore de la « machine » ou de l'engrenage fatal apparaît sous la plume de quelques répondants : « la machine semble hors contrôle et l'on voit mal ce qui pourrait ralentir un mouvement né il y a cinq siècles et qui n'a depuis jamais dévié » ; devant le « système économico-culturel », nous sommes impuissants : « seules des actions microscopiques sont possibles » ; la technique a vaincu. Conception plus troublante et tragique, l'homme moderne refuserait les correctifs nécessaires en invoquant sa liberté d'agir comme il l'entend : « impossible de renverser la vapeur car cela équivaudrait à limiter les libertés individuelles et collectives » ; pis encore, l'homme contemporain acquiescerait de plein gré à cette déchéance inéluctable : « la culture se meurt en nous et nous sommes tous profondément d'accord avec cette mort ».

Toutefois, pour certains répondants, l'impossibilité de sortir de la crise ne revêt pas un sens négatif, soit parce que l'état de crise peut être perçu favorablement (« on ne sort pas de la crise, la crise est une condition de la pensée »), soit parce que la crise est inhérente à la culture et qu'il n'y a donc pas lieu de vouloir en sortir. Répondre « non » pourrait être également un moyen de résister « aux poncifs optimistes de l'époque ». Mais ce qui est aussi remis en question, c'est l'idée que l'on peut agir sur la culture : croire que l'on puisse « sortir » de la crise par un simple effort de volonté trahirait une conception « utilitaire » de la culture.

Mais en marge de ces opinions discordantes, plutôt désabusées, une grande majorité des répondants ayant formulé un constat de crise a estimé qu'il était possible de la combattre ou de lui résister. De nombreux remèdes ont été proposés, aussi nombreux que les manifestations de la crise elle-même ; à chaque problème ou carence peut être opposée une intervention spécifique. Ces interventions ont pu être regroupées dans l'une ou l'autre des cinq catégories suivantes : a) les interventions à caractère général ; b) les interventions à caractère personnel ou existentiel ; c) les interventions à caractère intellectuel ; d) les interventions dans le champ politique, social, économique ; et e) les interventions dans le champ proprement culturel.

Interventions à caractère général

Ce premier groupe rassemble les initiatives ou les interventions qui ne se manifestent pas sous la forme de mesures concrètes et dont les effets seraient éventuellement mesurables. Elles peuvent prendre l'apparence de « mots d'ordre », d'énoncés de principe ou de directions à suivre pouvant servir de repères ou de guides pour des initiatives ultérieures, plus spécifiques et ciblées. Viennent en premier lieu la nécessité de comprendre la nature de la crise, puis d'en ralentir le cours afin de nous donner le temps d'établir les bases d'une stratégie qui permettra de la vaincre : identifier des objectifs, rester vigilant, essayer d'être « proactif » au lieu de simplement réagir, « agir localement et penser globalement », hausser nos exigences en nous inspirant de l'expérience des autres, etc. Pour l'un des répondants, la stratégie qui s'impose est inverse, en ce sens qu'il conviendrait plutôt de favoriser et d'alimenter la crise : « la seule perspective un peu encourageante serait un retour à l'état de crise ». Cette proposition illustre la nécessité d'identifier correctement la nature du problème à résoudre : si la morosité ou le marasme sont nos pires ennemis, une situation de crise pourrait être souhaitable, du moins comme phase transitoire.

Une autre série de recommandations comporte une dimension davantage morale ou éthique ; elle invite à revoir le rapport que nous entretenons avec la vie, le monde et l'histoire : « réinventer un autre mode de vie » ; « réenchanter la vie sur le plan éthique » ; retrouver la « poésie du monde » tuée par la modernité ; renouer avec une certaine fidélité au passé ; passer du « comment faire » au « pourquoi » ; cultiver le respect de l'humain, de la terre, de l'éducation.

Interventions à caractère personnel ou existentiel

Parmi les interventions à caractère plus personnel, nous retrouvons des propositions liées au fait de se remettre en question (faire son autocritique, s'imposer une cohérence éthique) ou de chercher à devenir une personne meilleure et plus « positive » (être moins réactif, rejeter le pessimisme, être plus passionné et créatif, être plus aimant et responsable, être moins matérialiste). Plusieurs répondants ont évoqué la nécessité de changer notre rapport à l'autre et au collectif : se soucier de l'ensemble des humains, investir dans l'idéal de la justice, retrouver le sens du dialogue et du bien commun, croire en l'utopie démocratique et en la justice sociale, faire confiance aux individus, accepter de s'enrichir au contact des autres, accueillir la diversité et la complexité sans se laisser envahir par un sentiment de perte. De même, il importe de vaincre nos peurs et nos inhibitions (il faut savoir oser, prendre des risques, aller à contre-courant, quitter le terrain de la victimisation, abandonner les réflexes misérabilistes, apprivoiser l'incertitude, secouer notre désarroi, s'adapter au changement, cesser de se cacher certaines réalités, continuer à se battre, échapper au sentiment d'impuissance, etc.).

Interventions à caractère intellectuel

Malgré le réflexe que nous avons parfois d'opposer « action » et « réflexion », penser et réfléchir sont également des façons d'agir sur la réalité. Les interventions qui relèvent de la vie intellectuelle prennent trois formes principales. Dans un premier temps, il s'agit de valoriser la pensée en elle-même : il faut lire, s'informer et comprendre, surmonter notre déficit d'attention, rester lucide et critique, approfondir nos réflexions, trouver une confiance nouvelle dans l'esprit humain, réapprendre à juger des choses humaines. Il convient ensuite d'identifier les éléments d'une stratégie intellectuelle efficace (incarner la pensée, privilégier la pensée en acte, identifier nos références pour voir si un espace commun de réflexion existe encore, revenir à la mémoire, à l'histoire et à la philosophie, programmer un avenir moins immédiat, nous guérir de l'amnésie collective postmoderne), puis de nous mettre en quête de nouvelles solutions («penser l'impensable», concevoir de nouvelles utopies en réinterrogeant le passé, envisager un nouvel humanisme ancré dans l'écologie, renouveler le discours de la gauche, rompre avec notre fascination pour le XXᵉ siècle, etc.).

Tout ce travail resterait cependant lettre morte s'il ne s'inscrivait dans le cadre de débats et d'interventions publiques. Plusieurs répondants ont souligné cet aspect en faisant valoir l'importance de la discussion, de la parole et de l'écriture pour assurer la défense des valeurs et contrer la simplification des idées, en appelant même à une «offensive médiatique des intellectuels». Enfin, un dernier groupe de répondants esquisse une sorte de chantier de réflexion comprenant, entre autres, les tâches suivantes : faire la critique des idéologies néolibérales et postmodernes; déterminer comment nous pouvons infléchir le cours de la mondialisation; privilégier les travaux sur l'identité et la culture plutôt que des «micro-recherches sans intérêt»…

Interventions dans le champ politique, social, économique

Plusieurs répondants ont préconisé des interventions de nature politique. D'autres, beaucoup moins nombreux, ont proposé des interventions dans le champ économique, aspect de la crise pourtant fréquemment évoqué dans les diagnostics. On pourrait en conclure que le politique demeure dans l'esprit de la plupart le lieu où peuvent et doivent être réglés les problèmes d'ordre économique : le champ de l'économie étant incapable de se réguler de lui-même, une intervention extérieure — politique — s'avère donc essentielle. C'est ce que suggèrent les recommandations évoquant la nécessité de freiner la marchandisation, de limiter les forces du marché, de cesser de tout gérer avec des paramètres économiques et d'effectuer de meilleurs choix de consommation.

Le politique apparaît comme un espace de résistance associé à l'émergence et à l'exercice de contre-pouvoirs dirigés contre les forces économiques et les États politiquement et culturellement dominants (soit, en premier lieu, les États-Unis). Quatre voies permettant de raffermir le contre-pouvoir politique ont été identifiées par les répondants. La première est liée à l'existence d'un contre-pouvoir juridique chargé d'assurer le respect des droits et des libertés fondamentales (appliquer avec plus de rigueur les chartes des droits, mieux s'assurer de la constitutionnalité des lois, œuvrer à abolir la peine de mort dans le monde), mais aussi de réglementer l'espace économique (restreindre, par des lois, l'influence des corporations et des multinationales) et les relations entre les États et les gouvernements (réfléchir aux paliers de souveraineté les plus appropriés). La constitution de réseaux d'influence parallèles à l'échelle internationale est une deuxième façon de favoriser l'émergence de contre-pouvoirs; l'ONU et l'Europe pourraient servir de contre-poids à l'«impérialisme» étatsunien et le Québec pourrait chercher à élargir ses liens avec les pays francophones, les pays d'Amérique latine et d'Europe ou avec d'autres «pays résistants». Une autre voie consiste à veiller à la santé démocratique de nos sociétés et de nos institutions (revaloriser la fonction politique, le service public, la notion de bien commun; redonner un sens et une éthique au politique; raviver les projets de société; éviter la tyrannie des majorités et des minorités). Une autre voie encore conduirait à stimuler l'engagement et la participation des citoyens (promouvoir la citoyenneté; se battre aux côtés des politiciens; mobiliser la population autour de projets novateurs et porteurs d'avenir).

D'une façon peut-être un peu surprenante compte tenu du contexte québécois, la question de la souveraineté du Québec n'a été mentionnée que par deux répondants. Serait-ce que celle-ci est perçue comme n'ayant aucun rapport avec le sujet de la crise de la culture? Ou une certaine lassitude amène-t-elle à se détourner de cette échéance qui semble toujours hors de portée? Quoi qu'il en soit, les deux seules réponses évoquant l'avenir du Québec le font en des termes diamétralement opposés: pour une répondante, la crise de la culture peut être combattue grâce à la souveraineté politique ; alors que pour un autre, la solution ne peut pas être l'indépendance « car les masses feraient bientôt du Québec un autre État américain ».

Les mesures à caractère social recoupent en partie certaines interventions de nature personnelle ou même politique. En termes généraux, il s'agit de « regagner une inventivité sociale », voire, plus ambitieusement, de restructurer la société dans son ensemble. Un objectif plus circonscrit consiste à favoriser les liens et l'inclusion, à créer des réseaux de solidarité (rehausser la condition des femmes et des démunis, concilier le travail et la famille, lutter contre la rupture intergénérationnelle, écouter les jeunes et leur faire confiance, être attentif aux particularités de la région montréalaise, favoriser les échanges entre les Autochtones des diverses provinces, etc.). L'atteinte de ces objectifs passe naturellement par des initiatives individuelles, d'où la nécessité de susciter des synergies, d'agir par l'exemple, de « devenir contagieux » auprès de son entourage. Enfin, le lien social comporte une dimension symbolique mise à mal par la crise de la culture et dont il importe que nous nous souciions, que ce soit dans une perspective religieuse ou non (retrouver le sens des fêtes, inventer de nouveaux rituels sociaux et familiaux, proposer un nouvel horizon d'espérance).

Interventions dans le champ culturel

Les interventions dans le champ culturel peuvent être regroupées en trois sous-ensembles, selon qu'elles portent sur l'éducation, la culture au sens large ou le domaine plus restreint de la création.

L'importance d'agir à l'école a été évoquée par de nombreux répondants. Ce résultat n'est sans doute pas étranger au fait qu'une bonne proportion d'entre eux occupe (ou a occupé) diverses fonctions d'enseignement ; il n'en demeure pas moins que le système d'éducation constitue un relais crucial, sans doute le plus important, dans la transmission de la culture. Les interventions préconisées sont de divers ordres. Outre les énoncés généraux sur l'importance de l'éducation pour la jeunesse et l'ensemble de la population ou sur le besoin d'investir davantage dans ce domaine (notamment dans les bibliothèques), les réponses recueillies soulignent le besoin d'inculquer le respect de la culture universelle chez les jeunes, de promouvoir le pluralisme culturel, de développer la curiosité artistique, de privilégier la formation critique plutôt que la simple communication d'informations, d'enseigner le respect de « ce qui existe ». D'autre part, on souligne la nécessité de transmettre les contenus « essentiels », tout particulièrement ceux qui forment le cœur de ce qu'on appelait la culture « humaniste », soit la langue, l'histoire, la philosophie, la théologie, la littérature et l'histoire de l'art, seuls capables de servir de fondements à la culture générale. L'importance d'enseigner les sciences sociales (anthropologie, sociologie, science politique) est aussi mentionnée. Enfin, il serait crucial de transmettre le savoir dont nous disposons sur les errements du XXe siècle. Quelques directives sont de nature plus critique : elles invitent à revoir de fond en comble les systèmes éducatifs, à combattre l'orientation des réformes actuelles, à contrer l'action néfaste des fonctionnaires du ministère de l'Éducation et à critiquer l'Université où règnent les valeurs néolibérales.

Les interventions dans le champ culturel en général sont variées. De nombreux répondants soulignent l'importance d'œuvrer à la promotion et à l'épanouissement de la culture (se doter de politiques culturelles plus agressives et ingénieuses, travailler à la sauvegarde de la langue, faire de la lecture un besoin, pousser la classe politique à valoriser la culture, instruire la population de son importance) et identifient divers moyens concrets pour atteindre ces objectifs (bien parler, aimer la langue, accroître les ressources humaines et monétaires dans le champ culturel, revoir le financement de la culture en privilégiant la qualité, créer des bibliothèques d'entreprise, s'assurer que Radio-Canada respecte son mandat d'éducation et de diffusion, créer un observatoire des médias, financer des médias indépendants, animer des ateliers de lecture publique, etc.).

Par ailleurs, les répondants s'accordent pour souligner la nécessité de combattre la marchandisation de la culture ou encore de défendre les politiques culturelles contre la logique marchande néolibérale. Ceci nous place en quelque sorte devant un dilemme : comment promouvoir et diffuser largement la culture sans emprunter les canaux de diffusion de masse, c'est-à-dire sans la « marchandiser »? On pourrait citer ici, en guise de réponse, la formule d'une participante : considérer la culture comme une composante essentielle de la vie plutôt que comme un divertissement ou un objet de consommation. Mais comment faire pour que cette suggestion (aussi sensée que la résistance à la commercialisation de la culture) soit appliquée ou prise en compte par les canaux de diffusion qui se sont installés dans nos sociétés « marchandisées »? La question se trouve ainsi déplacée, mais elle reste sans réponse.

Une difficulté du même ordre surgit lorsqu'on place côte à côte les propositions visant, d'une part, à défendre l'identité (arrêter de considérer l'identité culturelle comme obsolète et folklorique, cesser d'associer mémoire collective et ethnicisme, veiller à la continuité identitaire, retrouver un certain conservatisme) et, d'autre part, à promouvoir la diversité culturelle. Ces deux formes d'intervention s'accordent lorsqu'il s'agit, par exemple, de résister à l'hégémonie étatsunienne en faisant valoir le principe d'exception culturelle; elles sont moins aisément conciliables lorsqu'il s'agit d'accueillir la diversité au sein même des sociétés occidentales. Un répondant formule le paradoxe en faisant valoir le besoin de repenser le processus identitaire « comme enracinement-déracinement ». À quels types d'aménagements particuliers cette orientation paradoxale doit-elle mener? Voilà une autre question qui demeure pour l'instant en suspens.

Nous en venons enfin au champ de la création à proprement parler. Diverses façons de soutenir le travail des créateurs ont été évoquées. On ne sera pas surpris de retrouver en tête de liste les interventions de nature financière (augmenter les subventions aux artistes, renforcer le mécénat public et privé). Une autre forme de soutien consiste à appuyer la diffusion et la promotion des œuvres (faire connaître la valeur de nos créations, encourager les productions locales), voire à créer de nouveaux festivals pour faire connaître notre culture, notre histoire, notre patrimoine (quoique l'excès de festivals a aussi été dénoncé comme une des causes de la crise). Les artistes et les écrivains pourraient également améliorer leur sort par le biais d'organismes chargés de veiller à leurs intérêts. D'autres répondants soulignent l'importance de miser sur l'excellence d'un point de vue strictement esthétique (les organismes subventionnaires devraient s'employer à réduire la « production » afin de soutenir les talents véritables et les œuvres de qualité, il faut résister par la création au système économico-culturel). Cet appel à l'excellence s'applique également sur le plan personnel (chaque écrivain ou artiste doit « faire de son mieux »). Toutes ces mesures, cependant, ne prennent leur sens qu'à la lumière du rôle fondamental que joue l'artiste au sein de la société. Pour plusieurs répondants, il est important de rappeler et de souligner ce rôle : nous avons besoin d'œuvres inspirantes pour nous élever en dignité; aussi devons-nous faire confiance aux créateurs, « porteurs du sens même quand ils sont désespérés ».

Dans la mesure où le contenu de ce chapitre peut être indicatif d'une tendance générale, il semble qu'une morale de l'action ou de l'engagement reste toujours bien vivante chez les intellectuels, en dépit des propos que l'on entend parfois sur le désengagement de ces derniers. Le problème, si problème il y a, serait peut-être moins lié au désir de faire quelque chose pour améliorer la situation, désir qui semble bel et bien présent, qu'à la possibilité de trouver des moyens d'action efficaces, capables de produire des changements réels.

Les évaluations positives

Trois angles d'approche nous permettront de saisir la teneur des évaluations positives en rapport avec la thématique de la crise. Dans un premier temps, nous examinerons les justifications des répondants pour étayer leurs diagnostics. Nous verrons ensuite les qualificatifs qu'ils proposent pour caractériser la situation actuelle. Puis nous passerons en revue les raisons invoquées pour expliquer l'apparente popularité du discours de crise (en présumant que celui-ci ne serait pas fondé). Pris ensemble, ces trois angles d'approche permettent de tracer un portrait assez précis de l'humeur des répondants « optimistes ».

Conceptions positives de la crise et diagnostics favorables

Les nombreuses raisons ou arguments mis de l'avant portent, d'une part, sur la santé générale de la culture québécoise, qualifiée de bonne ou satisfaisante, et d'autre part, sur le concept de crise envisagé sous un jour positif, que ce soit à titre d'élément fondateur de la culture occidentale ou à titre de rouage utile, presque banal de l'évolution culturelle.

L'évaluation positive de la situation peut s'exprimer d'abord en termes généraux. On constate que, de façon globale, l'humanité ne cesse de progresser. Dans l'ensemble, la mondialisation est une bonne nouvelle puisqu'elle accroît les échanges et les relations, réalisant ainsi l'un des grands rêves de l'Occident. Parallèlement, de nombreux changements sont signes de progrès : amélioration du statut de la femme, respect des droits des minorités, renversement des indices de santé, hausse spectaculaire de la scolarisation, laquelle est « porteuse de pensée critique ». La qualité de la langue écrite et parlée s'améliore au Québec et les élites sont plus diversifiées et plus averties qu'autrefois. Les cultures nationales restent bien vivantes et résistent à l'économisme triomphant. La démocratie se porte bien en Occident, où des changements importants sont encore possibles, comme de passer du socialisme au libéralisme à l'intérieur même des cadres constitutionnels.

Un second type d'argument consiste à dire qu'il existe çà et là des lieux de crise, mais pas de crise généralisée. Divers éléments préoccupants sont évoqués : le terrorisme international qui vise « la destruction pure et simple de la culture occidentale », l'invasion de la culture étatsunienne, l'effondrement de la gauche qui laisse libre cours au néolibéralisme, le pouvoir de surveillance de l'État qui restreint la liberté des individus, le sous-financement des milieux culturels indépendants (œuvrant à distance des entreprises et des gouvernements), les inégalités intergénérationnelles (aux dépens des jeunes), les carences du système d'éducation, la sous-fécondité persistante (potentiel de décroissance démographique imminente de l'ordre de 25 %), l'émergence de plusieurs sous-cultures, le discours postmoderne qui insiste sur les singularités individuelles et met en péril les nécessaires attaches collectives. Tous ces éléments, nous l'avons vu, se retrouvent dans les constats des répondants qui proposent une évaluation négative de la situation ; la différence tient au fait que les répondants « optimistes » ne leur accordent pas une importance décisive. Il s'agit de sujets d'inquiétude circonscrits, qui n'affectent pas l'équilibre globalement satisfaisant de la situation culturelle.

La situation est aussi présentée favorablement par l'évocation d'une absence de crise. C'est le concept même de crise qui semble alors inadéquat pour décrire la situation. Ainsi, plusieurs répondants constatent qu'il n'y a pas de rupture dans le système de production et de transmission, qu'il s'agisse des biens matériels ou symboliques. On n'observe pas de déclin, d'éclipse, de désagrégation ou d'effondrement. Il y a parfois des déplacements et des métamorphoses qui sont difficiles à cerner, mais pas de rupture brutale, inattendue, avec les repères établis. La situation ne semble pas hors de contrôle et on ne voit pas que les choses soient sur le point de basculer totalement. La notion de crise est donc trop dramatique, démesurée, catastrophiste. Dans la situation présente, il n'y a rien de comparable, par exemple, à la crise de 1929 ou à celle d'Octobre 1970. Il y aurait crise seulement si notre culture était en stagnation ou si nous ignorions les importantes menaces qui pèsent sur elle. Enfin, la difficulté que nous éprouvons à caractériser l'état présent de la culture ne signifie pas que nous sommes en crise. Pour parler de crise, il faudrait que nous sortions d'une période faste, d'une sorte d'âge d'or, ce qui n'est pas le cas, « sauf peut-être pour les années 1960-1970 ». Le fait de toujours rapporter le présent au passé empêche de percevoir les formes de renouvellement autrement qu'en termes de perte.

Les commentaires qui précèdent se rapportent à une conception large du mot « culture ». Un certain nombre de répondants se sont plutôt référés à la culture au sens de création artistique et littéraire, en incluant parfois ce qu'on appelle depuis peu les « industries culturelles ». Leurs réflexions font valoir, d'une part, que la création se porte très bien. Qu'elle soit destinée à l'élite ou à la masse, la création culturelle québécoise serait vivante, diversifiée, florissante. Elle « bouillonne » et n'a jamais été aussi dynamique sur le plan des pratiques artistiques et de la « consommation ». La place prise par la culture de masse n'est pas si inquiétante dans la mesure où elle crée des tensions qui sont source de créations de grande qualité. Bref, nous vivons « un âge d'or de la culture », et s'il y a crise, c'en serait plutôt une de surproduction ou de croissance — un peu comme la rançon de l'abondance.

Ces répondants font valoir que la création vit peut-être certains problèmes, mais rien qui justifie de poser le constat d'une crise généralisée. La vigueur de l'offre culturelle est telle qu'elle dépasse la demande : le public ne suit pas toujours, mais la production ne ralentit pas. On trouve de tout, « de l'écœurant jusqu'au sublime », mais « le bon et le mauvais s'équilibrent ». La production actuelle est supérieure en qualité à celle des années 1970 ou 1980, même si elle va dans toutes les directions et que ses orientations sont difficiles à définir. Les balises paraissent inexistantes;

une « liberté de création aussi absolue donne le vertige ». Par ailleurs, si l'art de qualité semble marginalisé, cela n'est que temporaire. On l'a vu au cours des années 1970 dans le monde de l'éducation : les constats de « dégradation des contenus et des exigences » qui ont accompagné ces années de démocratisation intensive de l'enseignement postsecondaire ont ensuite reflué devant l'essor « d'enseignements et de recherches autrement plus passionnantes ». Quoi qu'il en soit, la culture « non populaire » a toujours évolué dans la marge et dans des conditions difficiles ; la situation des créateurs « n'est ni moins ni plus déplorable qu'elle l'a toujours été ». Après tout, il est normal que l'« art d'élite » occupe la portion congrue du marché. Il faut déplorer que certains secteurs de la création, plus fragiles (orchestres symphoniques, danse moderne, théâtre pour enfants…), soient sous-financés. Une sorte d'équilibre s'était établi : le privé soutenait la culture populaire, le public finançait l'« art non rentable » ; avec le retrait de l'État, cet équilibre s'est rompu. Cela dit, le fait que des artistes vivent dans la pauvreté ne justifie pas un discours de crise. Les sources de financement sont limitées mais leur accès est largement ouvert, sur une base compétitive. Il est permis de voir là un mécanisme de régulation relativement pertinent de ce secteur d'activité extrêmement difficile à « normer » et à « évaluer ». La marchandisation entraîne un certain nivellement vers le bas, mais elle permet de contrer l'élitisme ; et il arrive du reste que ce soit la culture d'élite qui souffre de sclérose alors que la culture de masse s'avère très inventive, très dynamique.

Finalement, le seul fait de « déplorer le manque de diversité et de relief de sa culture, c'est déjà faire preuve d'une richesse culturelle » ; cela signifie que « cette culture nous a communiqué une idée du relief et de la diversité que nous pourrions en attendre ». Pour le reste, il est bien connu et parfaitement compréhensible que les acteurs du secteur culturel utilisent le discours de crise pour mobiliser l'attention et susciter un meilleur financement public.

Le second groupe d'arguments ne porte pas sur l'état de la culture comme tel, mais vise à mettre en question les conceptions « dramatisantes » de la crise, voire l'idée même que la culture puisse être en crise. Comme nous l'avons vu dans la typologie esquissée au début de ce chapitre, le concept de « crise » peut être envisagé comme un phénomène positif, normal, qui fait partie du mouvement habituel des sociétés. Ainsi, il n'y aurait pas lieu de s'inquiéter des constats de crise, car ils mobilisent l'attention générale et fournissent l'occasion d'un réexamen des objectifs et des valeurs d'une société, des difficultés auxquelles elle est confrontée, des orientations dans lesquelles elle est engagée. L'envers de la crise serait l'indifférence, l'apathie, la stagnation : « Nous pensons quand il y a crise ; avant, nous n'en sentons pas l'urgence ». La crise permet de remettre en question un ordre devenu sclérosant. Elle déstabilise les catégories de pensée et d'action dans lesquelles une société en vient à s'installer trop confortablement. Sans elle, « de quels ressorts disposerions-nous pour avancer ? » En ce sens, la crise est rassurante, elle est une didactique du changement, elle prouve qu'une société n'est pas figée. La crise est aussi le moteur de la création artistique. Le seul fait de se demander si on est en crise est déjà un signe de vitalité.

Deux arguments opposés, mais qui finissent par se rejoindre, défendent l'idée que « crise » et « culture » vont de pair et qu'il n'y a pas lieu de chercher à les opposer. Ainsi, que l'on affirme que « la culture, par définition, ne peut pas être en crise » ou, inversement, que « la culture, par définition, est toujours en crise », dans l'un ou l'autre cas l'état de crise apparaît inhérent à la culture, de sorte qu'il n'y aurait pas de sens à vouloir déplorer un état de crise culturelle. Cette façon de voir s'appuie sur l'idée que l'évolution de la culture est un processus ininterrompu (mais parfois accéléré) de questionnements, de révisions, de réinterprétations. La culture serait ainsi essentiellement dynamique, évolutive, nourrie de glissements, de ruptures, de continuités : « Une culture vivante est en perpétuelle mutation, et c'est tant mieux ». À chaque génération, l'héritage culturel est remis en jeu; les cultures sont toujours tiraillées entre passé et avenir, entre héritage et projet. La culture est toujours en crise à cause des conflits inhérents à toute vie sociale. La vie collective est faite de rapports dialectiques et les agencements destinés à surmonter les contradictions sont toujours provisoires, instables. Leurs rencontres donnent lieu à des heurts qui commandent des tris, des choix. La totalité que forme une société est donc fragile, grouillante; les sociétés « se recomposent constamment ». Si l'on s'en remet à une acception anthropologique de la culture, celle-ci apparaît alors comme un « reflet de la réalité »; « la culture est l'expression de toutes les dimensions de la société »; elle « est un construit qui se veut toujours le fruit d'une adaptation à un environnement géographique et social qui se trouve lui-même en perpétuelle transformation ». L'Occident serait même entré dans une ère où toute possibilité de crise serait exclue; la capacité de digérer les bouleversements est telle que, désormais, « tout a une solution ». Enfin, si on se réfère au domaine de la création, la culture (« heureusement ») est toujours en crise, car il est dans la nature de l'art de déranger, de bousculer. Le vrai lieu de l'artiste, c'est celui de la fragilité, de l'incertitude, de l'entre-deux.

Plusieurs répondants reprennent le même type de diagnostics, mais en l'associant spécifiquement au contexte occidental. L'Occident se croit en crise depuis l'Antiquité et le discours de la crise est le corollaire d'une civilisation qui se définit par le changement. Comme l'écrivait Walter Benjamin dans *Paris, capitale du XIXe siècle*: « Avoir conscience de façon désespérément lucide de se trouver dans une crise décisive est un phénomène chronique de l'histoire de l'humanité. » Ce discours participerait d'une « mythologie crépusculaire », particulièrement effervescente à chaque tournant de siècle. Chaque génération comporte sa « petite armée de sombres Cassandres ». C'est aussi le propre de la modernité et des élites qui l'incarnent que de se livrer à de continuelles remises en question. Autre manie très occidentale aussi, est celle qui consiste à « médicaliser » le phénomène; tout changement qui sort de l'ordinaire est perçu comme une maladie à guérir. On peut voir là une survivance de la pensée organiciste. Enfin, quelques répondants font valoir que c'est plutôt le monde non occidental qui est aujourd'hui aux prises avec de véritables situations de crise. Nos petites misères de sociétés privilégiées n'ont rien de comparable avec les problèmes qui affligent le tiers-monde. Occulter ce contraste trahit une perception démesurée, irrespectueuse de ce qu'est une véritable crise.

Portraits de la situation actuelle

Les répondants ayant rejeté le constat de crise étaient invités ensuite à décrire la situation présente. Les descriptions proposées se résument aux cas de figure suivants.

La vision la plus enthousiaste consiste à dire que la culture québécoise vit une période d'ouverture sans précédent. On assisterait ainsi à un décloisonnement, à une hybridation, à un métissage de la culture. Tout comme d'autres sociétés, le Québec s'est ouvert aux identités multiples et s'est engagé dans un mouvement vers d'autres langues, d'autres cultures, ce qui l'amène à se dire et à se raconter autrement. Cette évolution a été favorisée par l'accueil positif qui a été fait aux immigrants et à la diversité qu'ils incarnent. Il en a résulté une redéfinition des valeurs communes en même temps qu'une diversité des visions du monde, source de saines divergences et controverses. La littérature tire grand profit de cette interaction avec d'« autres logiques identitaires basées non plus sur la racine mais sur le rhizome ». En conséquence, l'expérience québécoise peut maintenant s'universaliser.

Suivant une position un peu plus neutre, la conjoncture présente marquerait le début d'une nouvelle ère. La situation serait fluide; des changements en profondeur, accélérés, sont en cours. Nous vivons une transition précipitée, ouverte, difficile à suivre, qui s'accompagne d'une « fatigue culturelle ». On ne se surprend donc pas que le Québec actuel soit placé « sous intense observation ». On peut même parler d'un contexte de révolution tant les mutations, les bouleversements sont radicaux. En ce sens, la présente conjoncture s'apparente à celle de la révolution industrielle du XIXe siècle : « Les cadres sociaux et identitaires changent rapidement et la légitimité du pouvoir et des relations sociales de l'ordre industriel perdent de leur pertinence. » La culture est donc en voie de « recomposition », mais ce processus est marqué d'incertitudes (des changements trop rapides peuvent détruire les institutions) et de tensions entre des impératifs qui ne convergent pas nécessairement, par exemple « conserver sa langue et sa culture tout en s'ouvrant au monde », « absorber les influences externes tout en développant sa spécificité », « s'ouvrir à l'autre tout en solidifiant ce qui compose le nous », « maintenir l'adhésion à ses valeurs fondamentales et traditionnelles de justice, d'équité, de démocratie, de solidarité dans un contexte où priment la consommation et l'individualisme ». L'issue demeure imprévisible et les nouvelles formes culturelles sont très disparates. La complexité est peut-être la grande caractéristique de notre époque ; elle commande de nouvelles attitudes, une nouvelle discipline.

Un autre groupe de réponses souligne le fait que nous sommes entrés dans une situation de résistance face aux forces d'uniformisation. Il est vrai que la mondialisation diversifie, mais elle menace aussi d'homogénéiser, d'où un devoir de résistance au nom de l'exception culturelle. La mondialisation prend de plus en plus des airs d'américanisation et la nation ne protège plus — sinon très difficilement — la culture. « Le sort des petites cultures est à repenser. »

Pour quelques répondants, la conjoncture actuelle n'est ni meilleure ni pire que les précédentes. Nous ne serions ni plus ni moins en crise qu'auparavant, et la culture actuelle vaut toutes celles qui l'ont précédée, « dans la mesure où la valeur d'une culture dépend essentiellement de l'aide qu'elle apporte aux individus à donner un sens à leur expérience, à comprendre le monde, à s'y déplacer et à se comporter en société ».

Enfin, un dernier groupe d'énoncés, tout en rejetant le diagnostic de crise, jette un regard (très) critique sur la culture actuelle : le constat d'une absence de crise ne coïncide pas nécessairement avec une évaluation favorable de la situation. Suivant ces descriptions, la culture actuelle a congédié le passé, montre d'inquiétants signes de déclin et même de déchéance ou d'agonie. On parle d'une « désacralisation », d'une absence de vision, d'une « débandade », d'un « aplatissement » de la culture, d'une hégémonie de la mollesse et du « tout-se-vaut ». La laïcisation de la culture au Québec a entraîné « la mise au rancart de l'idéalisme, de l'humanisme, de toute référence à une transcendance. Les jeunes semblent vivre dans une indifférence radicale à l'égard des valeurs séculaires qui étaient encore celles de leurs parents. Leur rapport au passé est inédit… Ils en font exactement ce qu'ils veulent ». Les mouvements de rupture qui ont eu cours au Québec dans les années 1960 et 1970 n'ont pas donné lieu à des « réinventions » ou des « dépassements », mais à « une sorte de balayage général de toutes les valeurs sur lesquelles de tels dépassements auraient pu s'appuyer ». Il en a résulté non pas un « tournant » mais une fin : « la fin d'un monde, la fin d'une définition et d'une pratique séculaires de la culture ; nous vivons donc dans l'après, *i.e.* dans la postculture. Ce qui s'appelait autrefois la culture (art, littérature, théâtre, etc.) s'y poursuit, bien sûr, et même y prolifère mieux que jamais, mais en étant vidé de sa substance et de ses repères ; on est ainsi dans un monde de simulacres, de parodies, de fairesemblant ».

Racines du discours de crise

Les répondants ont évoqué plusieurs raisons pour justifier la vigueur et la popularité des constats de crise (qu'ils ne partagent pas). Ces raisons touchent tantôt au contexte, tantôt à l'humeur ou à la position sociale de ceux qui formulent de tels constats.

Les grandes peurs de notre temps sont un premier facteur

pouvant justifier la présence d'un sentiment de crise. Signalons une accélération de la mondialisation qui alimente la crainte d'homogénéisation, le cavalier seul du néolibéralisme, le déclin des valeurs, l'américanisation, l'excès d'individualisme, un possible dérèglement des flux migratoires (qui compromettrait les valeurs fondamentales du Québec et de l'Occident), l'essor du terrorisme (qui attise les discours réactionnaires), le sous-financement généralisé de la culture dite savante. La perte du sens et l'absence d'un grand projet collectif créent un vide qui est source d'angoisse. S'y ajoute un sentiment d'échec né de tout ce que la Révolution tranquille n'a pas accompli et des deux expériences référendaires de 1980 et 1995.

Le discours de crise peut être vu, de même, comme un signe d'impuissance ou d'incompréhension. Il se nourrit d'une inquiétude identitaire, d'une incapacité à se définir, à s'adapter aux mutations, à se situer dans la mouvance des jeux et réseaux de lan gage, ou tout simplement à changer les choses. Il révèle aussi une incompréhension des dynamismes culturels qui bouleversent constamment les repères, les grandes références, et commandent une discipline d'adaptation, de ré-intégration, de relecture de l'univers. À cela s'ajoutent des « difficultés théoriques et méthodologiques à analyser la complexité ».

Un autre ensemble de raisons est de nature plus polémique. C'est-à-dire qu'elles mettent en cause les personnes mêmes qui formulent des constats de crise. Ainsi, le discours de crise peut être vu comme le fait d'intellectuels élitistes : ce serait par snobisme, en vertu d'un complexe de supériorité que tant d'intellectuels nourrissent la thématique de la crise, ou bien parce que leur culture élitiste a été marginalisée par la culture de masse. C'est aussi parce qu'ils cherchent à évaluer la culture à l'aune des modèles classiques, lesquels sont aujourd'hui dépassés à cause du décloisonnement de la culture. L'élitisme tient aussi dans l'habitude de considérer la situation québécoise à la lumière d'une norme française idéalisée, tout comme dans la volonté d'imposer une conception

très particulière de ce que serait « une vie pleine et accomplie ».
Enfin, l'intellectuel élitiste est celui qui voudrait sans cesse « élever
le niveau » et se rebelle ou se fatigue « devant l'entêtement des
"pauvres" à ne pas suivre ». Or, en matière de culture, il n'existe pas
de règle qui soit valable pour tous ; chacun doit trouver la sienne,
réaliser son propre équilibre, formuler les réponses à ses inquiétudes.

Un reproche connexe consiste à dire que c'est la vieille génération, dépassée, qui se complaît dans le discours de crise. Le constat
de crise exprime « la sinistrose chic » de ceux qui ont fait la Révolution tranquille, d'une génération âgée qui tient à ses privilèges et
taxe *a priori* d'inculture les différences qu'affichent les jeunes. Il y
a aussi les *baby-boomers* qui « projettent sur la culture leur incapacité de changer le monde », qui voudraient « transformer en une
crise générale leur crise personnelle ». Tous ces gens sont simplement dépassés par les nouveaux moyens de communication, par
la nouvelle dynamique culturelle, mondialisée. Le discours de
crise serait donc inspiré par une attitude réactionnaire. Une nostalgie de « la belle époque » conduit à sanctifier, à fétichiser des
schémas explicatifs dépassés et à rejeter aussi bien les mouvements
progressistes que les nouvelles valeurs qui les portent. Ce genre
d'attitude témoigne d'une vision monolithique et très statique de
la culture, doublée d'une idéalisation du passé canadien-français.

Une façon un peu moins sévère de présenter les choses
consiste à voir dans le discours de crise un simple effet de rhétorique. Décréter l'état de crise serait un réflexe, une stratégie d'intellectuels et de journalistes, un leitmotiv intéressé, un artifice discursif, un procédé de « vieux rhéteurs » destiné à capter l'attention. On
trouve déjà cela dans la tragédie grecque. Les médias ont tendance
à faire la même chose. Souvent, le but est simplement de vendre un
produit quelconque (des journaux, des livres, des revues) ou de
faire de la réclame pour des films, des émissions de télévision. Les
temps présents, où la mode est à la déconstruction, favorisent de
toute évidence ces manœuvres. On donne plus de couverture aux

intellectuels hypercritiques, aux « râleurs professionnels portés à se juger supérieurs au monde profane ». Or, ces derniers ne savent pas résister à la séduction de la thématique crépusculaire. Les alarmistes, les « broyeurs de noir », les « Cassandres » sont de toutes les époques. Chez les esprits dépassés ou déçus, la mythologie catastrophiste remplace l'analyse lucide.

Enfin, selon une vision un peu plus charitable, ceux qui sonnent l'alarme seraient plutôt d'utiles éveilleurs de conscience. Toute société a besoin de ces « formidables esprits critiques » qui savent alerter l'opinion et provoquer des changements ; de cette façon, ils aident à prévenir les crises.

Un concept ambigu

Pour la plupart des répondants ayant écarté le constat de crise, la situation est globalement bonne parce qu'il n'y a pas de rupture brutale avec une période faste, avec un âge d'or. Nous ne vivons pas un effondrement des cadres symboliques, la vie socioculturelle n'est pas hors de contrôle. La conjoncture actuelle marque plutôt des progrès importants par rapport aux décennies précédentes et elle manifeste des signes d'une grande santé, en particulier dans le domaine de la création. Ces avancées, souvent sans précédent, sont telles qu'elles suggèrent chez quelques-uns l'idée d'une ère nouvelle. On relève toutefois d'importants motifs d'inquiétude liés, par exemple, à la situation précaire des jeunes, à l'utilitarisme qui envahit toutes les sphères du savoir, à l'ultra-individualisme qui menace les instances collectives, au terrorisme international. Mais dans l'ensemble, s'il faut parler de crise, c'est pour désigner des mutations prévisibles et souhaitables qui font partie de la vie courante et que nos sociétés ont appris à gérer puisqu'elles sont au cœur de la civilisation occidentale depuis sa naissance.

Parallèlement, quelques répondants ont récusé le constat de crise pour des raisons exactement inverses : tout va si mal dans la culture qu'on ne peut même pas miser sur le nettoyage en profon-

deur d'une véritable crise — entendue comme un bouleverse-
ment général qui instaure pour un temps le chaos — pour refaire
les fondements, le dessin de l'ensemble. En somme, la crise représenterait le seul remède adéquat aux maux du moment, tant ils
sont considérables (nous vivons la fin d'un monde que rien ne
vient remplacer, nous sommes dans la postculture…). Mais
même cet ultime recours nous est refusé.

Nous retrouvons ainsi deux des acceptions de la crise dont
nous avons fait état plus haut : ici, un élément d'intégration du
changement que les sociétés occidentales ont parfaitement appris
à apprivoiser ; là, une plongée dans les abîmes qui fournit l'espoir
d'une renaissance, l'occasion de refaire tout un monde.

Le Québec en perspectives

Indépendamment de la réponse qu'ils avaient donnée à la question initiale, tous les répondants étaient invités à dire si la situation
actuelle du Québec présente quelque singularité par rapport aux
autres sociétés d'Occident. Deux traits ressortent de l'ensemble
des réponses. D'abord, d'un côté comme de l'autre (chez les
tenants du « non » et ceux du « oui »), les singularités mises de
l'avant sont sensiblement les mêmes. En outre, autant qu'on
puisse voir, le poids des traits positifs et négatifs se vaut ; c'est donc
dans l'appréciation générale que les opinions et les sensibilités se
démarquent. Fait intéressant parce que paradoxal, les notations
négatives semblent peser plus lourd chez les répondants ayant
rejeté le constat de crise.

Spécificité en Amérique et dans le monde

Plusieurs traits positifs fondent la spécificité culturelle du Québec
au plan international. Ce dernier apparaît comme une plaque
tournante, un pont entre l'Europe et l'Amérique, ce qui le met en

position très favorable pour affronter les ambiguïtés du monde moderne. Par exemple, l'influence européenne aide à mieux résister au néolibéralisme et les Québécois sont volontiers critiques envers les États-Unis dont ils veulent se démarquer en en rejetant le modèle. Le fait d'être une petite enclave culturelle impose la vigilance et stimule la créativité. Notre identité fragile issue de notre condition minoritaire nous tient en éveil, nourrit une « hyperconscience » des menaces ambiantes ; il en résulte non pas un ghetto mais un havre qui permet de mieux résister à certains « courants mondiaux destructeurs ». Finalement, non seulement notre « exception » culturelle se perpétue (malgré la dénatalité et l'émigration), mais elle se transforme en un avantage dont on voit bien les manifestations : le Québec, dans l'ensemble, tire bien son épingle du jeu et le fait qu'on y parle moins l'anglais offre une sorte de protection contre la mondialisation.

Au plan des rapports interethniques, le Québec pourrait réussir là où le Canada a échoué : édifier une société réellement pluraliste sur la base du français comme langue civique, assorti d'éléments de bilinguisme. Le Québec est une société qui accepte bien la différence, voyant même dans la diversité ethnique une richesse. Montréal, notamment, est un lieu remarquable de métissage culturel, ce qui en fait un milieu à la fois respectueux de ses particularismes et de « culture forte ». Parmi les autres traits positifs qui caractérisent le Québec par rapport à bien d'autres nations, on signale : une tradition francophone qui assure un ancrage symbolique (en tout cas plus qu'au Canada anglais), un large consensus sur le plan des valeurs et une forte solidarité (en dépit d'importantes différences), une sensibilité et une appartenance nationales qui rendent possible la formulation d'un projet collectif, une présence autochtone qui nous alerte quant à la protection de l'environnement. On relève également que son passé de peuple colonisé rend le Québec plus sensible au problème du tiers-mondisme. Ses lois en matière sociale sont parmi les plus progressistes qui soient et il forme une société démocratique où les débats de fond sont possibles, comme on le voit dans la réflexion sur le modèle québécois en cours de révision.

Dans un registre opposé, plusieurs répondants ont relevé des singularités négatives. L'exception culturelle québécoise comporte un revers lié à sa condition minoritaire sur le continent. Les assises symboliques sont plus fragiles et plus superficielles au Québec que dans le Monde ancien (faible tradition littéraire, absence de « modèles inspirants »). Il y a un vide identitaire qui reste à combler — le Québec a de la difficulté à se définir et il n'a pas encore vraiment dressé son lit en Amérique ; il n'est pas le seul à éprouver cette précarité, c'est le sort des « petites cultures » qui est à repenser. Le Québec se perçoit et réagit donc souvent comme une minorité menacée, ce qu'il est en vérité. De plus, la dispersion de sa population sur un vaste territoire accroît sa vulnérabilité. En conséquence, il manifeste encore des comportements de repli. On peut le voir dans la promotion exagérée qu'il fait de sa spécificité (entre autres : le fameux « modèle québécois »), dans l'évolution de la langue française en danger de « créolisation », dans son attitude envers les Autochtones qu'il tend « à enfermer et à isoler ».

D'autres effets s'ensuivent. Incertains, fragilisés, les Québécois demeurent très dépendants de la France dont ils importent machinalement les débats, au risque de se mettre à l'écart des débats canadiens, étatsuniens ou latino-américains. Ils se défendent mal aussi contre les interférences de la politique canadienne en matière de langues officielles. Ceci fait obstacle à l'intégration des immigrants, qui n'ont pas le goût de se joindre à une nation qui est à la recherche d'elle-même, encore moins à « une culture qui bafouille ». Pour la même raison, on peut craindre que la résistance à l'américanisation et à la mondialisation en soit affaiblie.

D'autres jugements sévères prennent pour cible le passé, tout particulièrement le devenir du Québec au cours du dernier demi-siècle. Celui-ci serait passé trop rapidement de l'âge traditionnel à la modernité, « de la culture du pauvre à la culture bourgeoise », d'où un comportement de « nouveau riche », une « nouvelle barbarie». Il ne possède pas de traditions culturelles aussi fortes que les pays plus anciens. La Révolution tranquille a opéré une rupture trop brutale en détruisant tout un héritage sans vraiment le remplacer : les *baby-boomers* ont tout liquidé, exécuté, saccagé — avant de se sauver avec la caisse. En conséquence, le Québec se retrouve aujourd'hui dans un état de vacuité insipide, de sclérose insouciante et heureuse. Le relativisme absolu, c'est-à-dire le je-m'en-foutisme, s'est installé partout, on ressasse les vieilles idées des années 1960, les véritables changements sont devenus impossibles. La société québécoise est frileuse, vieillissante et nostalgique. Elle vit dans un état d'apathie, qui est le contraire d'une situation de crise («dynamiques épuisées», «ressassement de formules», «résistance passive», «programmes obsolètes»). L'unanimisme y favorise un aplatissement de la culture, tout comme le culte du «populaire» (les «*diktats* de l'argent et du *vox populi*»). Les Québécois restent coincés «entre deux imaginaires collectifs» : d'un côté, celui de la Grande Noirceur et son prolongement dans une vision pessimiste de soi; de l'autre, celui d'une société postmoderne qui se veut parmi les plus avancées.

Selon une autre série de témoignages, le Québec ne présente guère d'originalité parmi les autres nations. Il ne manifeste aucun trait saillant, aucun signe distinctif («c'est bien là le drame»), mis à part la langue, l'histoire et la géographie. Pour le reste, comme toutes les autres sociétés occidentales, il vit une transition (il réévalue «les modèles mis en place dans le contexte de la modernité»), il peine à fonder la légitimité de ses normes, il cherche à «promouvoir ce qui, dans le champ de la culture, reflète son identité» et il s'emploie à «l'inscrire dans la culture globale sans y perdre ce qui lui est propre». Comme ailleurs aussi, le Québec vit ses crises et s'en nourrit, et ses contradictions sont celles de toutes les nations.

Entre apologie et dénonciation

Cette section, tout comme les précédentes, manifeste le caractère à la fois diversifié et discordant des évaluations proposées, lesquelles vont de l'apologie débridée à la dénonciation féroce. On y décèle certes des points de consensus, mais à condition de se rabattre sur les coordonnées les plus élémentaires : le Québec comme petite nation, minorité culturelle s'activant à protéger sa différence face à la mondialisation (« francophonie en lutte »), conjoncture imprévisible aux lendemains du brassage opéré par la Révolution tranquille, société dont le devenir est étroitement articulé à celui de l'Occident et même de la planète.

Par rapport au discours qui se donnait encore à entendre récemment, on note aussi quelques absents dans l'inventaire des traits imputés aux Québécois. La xénophobie et le racisme ont pris congé, la plupart des répondants s'accordant à souligner « l'ouverture à l'autre ». Il n'empêche que le discours sur cet « autre » est peu présent — l'Autochtone, notamment, est presque invisible. De même, le thème traditionnel de l'apathie des Canadiens français ne tient plus guère l'affiche, pas plus que la dénonciation de la domination française qui écraserait la créativité québécoise. En contrepartie, l'américanité est, elle aussi, plutôt effacée. Doit-on comprendre que ce serait une affaire entendue, classée ? Disons plutôt : à suivre. Enfin, l'inquiétude de la survivance ne s'exprime plus en termes pessimistes mais dans des rappels à la vigilance, à la prudence, à la combativité.

Conclusion

En résumé, parmi toutes les réflexions suscitées par cette enquête, le premier point qui sollicite l'attention tient dans la dominante pessimiste — on aura noté qu'elle traverse même la pensée d'un certain nombre de répondants ayant pourtant repoussé le constat de crise parce que trop radical. C'est le lieu de rappeler qu'en excluant les indécis qui ont fourni des réponses ambivalentes à la première question du sondage, tout près des deux tiers des autres répondants (63,8 %) souscrivent au diagnostic de crise. Dans cette direction, le thème le plus redondant est celui de la perte des repères, accusée de brouiller tout à la fois les perceptions de soi et de l'autre, la définition des finalités individuelles et collectives, la mémoire et la vision de l'avenir. Il s'ensuit également un profond relativisme, sinon carrément une anarchie dans la création littéraire et artistique, les critères d'évaluation des œuvres ayant éclaté. On voudrait, bien sûr, savoir si ce sentiment est durable, s'il est en progression ou en déclin, jusqu'à quel point il commande les comportements, comment il se traduit dans la vie de tous les jours ou dans des circonstances plus décisives, là où une personne doit effectuer des choix importants, etc. Nos données ne fournissent cependant pas d'éléments de réponse à ce genre de questions.

On relève de profonds désaccords sur l'évaluation de situations qui devraient, croirait-on, se prêter à des repérages plus sûrs, plus impartiaux. C'est le cas, notamment, de l'état de santé de la création culturelle, de la nature et de l'ampleur des ruptures effectuées au Québec au cours des dernières décennies, de l'héritage de la Révolution tranquille. Quoi qu'il en soit de ces points de vue divergents (et de toute évidence irréconciliables, tant ils s'opposent), il y a lieu de s'arrêter sur l'insistance de plusieurs à faire le procès des arts et des lettres, ou même à remettre en cause les fondements symboliques de la collectivité. Soulignons simplement qu'il y a dans ce parti pris radical une sorte de quitte ou double : ou bien les condamnations sévères sont parfaitement fondées et dès lors salutaires ; ou bien elles sont excessives et ne peuvent qu'amplifier les effets déplorés en semant l'inhibition au sein d'une culture minoritaire qui demeure en bonne partie pénétrée de sa fragilité et incertaine de son identité.

Notre enquête révèle par ailleurs un trait de notre société qui n'était certes pas inconnu[2] mais qui ne s'était peut-être jamais manifesté aussi nettement, en l'occurrence la fragmentation radicale des sensibilités, des perceptions et des opinions. Cette fragmentation s'observe du reste de diverses manières dans l'actualité québécoise — par exemple, la controverse suscitée à la fin de l'été 2006 par les propos désabusés de Jacques Godbout dans la revue *L'Actualité*, lesquels ont donné lieu à des réactions nombreuses et divergentes[3]. Il s'agit d'un phénomène très complexe que la seule référence à l'essor du néo-individualisme ne suffit peut-être pas à clarifier. On souligne, par exemple, que les clivages observés dans les analyses, les orientations, les jugements proposés par les répondants ne se replient pas très nettement sur les frontières familières des genres, des disciplines ou des générations (même si ces variables pèsent, à coup sûr, comme nous pouvons le voir aux tableaux 5-9). Le quadrillage demeure relativement diffus et semble obéir à une dynamique difficilement saisissable, peut-être parce qu'elle est en émergence, son relief ne se révèle pas encore pleinement.

Et là encore, bien des questions se posent. Ce phénomène est-il le signe d'une culture qui se dessoude, d'un tissu social qui se défait? Condamne-t-il le champ politique à l'émiettement, à la discorde? Compromet-il la capacité collective d'adaptation, d'innovation et de renouvellement dans un contexte de mondialisation fertile en cassures, en mutations sans précédent dont les conséquences sont imprévisibles? Empêche-t-il les élans, les mobilisations collectives et les solidarités qui les portent? Méfions-nous ici des réponses trop évidentes. L'État nation a maintes fois démontré sa faculté de régénération depuis le XIXe siècle. Et n'est-ce pas le propre de la culture que de se réinventer sans cesse? Quant à la mondialisation, ne dit-on pas déjà qu'elle est derrière nous[4]? En d'autres mots, il paraît plus avisé, pour l'instant, de cultiver une attitude de vigilance active, nourrie d'un mélange d'inquiétude et d'espérance.

À l'encontre des analyses les plus alarmistes, un autre point de vue doit être pris en considération; c'est celui qui invite à se demander si ce phénomène de fragmentation est vraiment nouveau. Après tout, le Québec des années 1920 ou 1940 était lui aussi fragmenté suivant les lignes de force tracées par les parentèles, les milieux socioprofessionnels, les régions, le clivage rural/urbain, la division entre élites et classes populaires, le rapport homme-femme, les laïcs et les clercs, les allégeances de parti (qui commandaient d'étonnantes continuités intergénérationnelles...), les fidélités pancanadiennes (on dirait aujourd'hui : fédéralistes) et le nationalisme strictement canadien-français, les intellectuels de tendance libérale ou conservatrice, etc. Et pourtant, on fait référence couramment à cette époque comme étant celle de l'homogénéité et du consensus (sinon de l'unanimité). En d'autres termes, il faudrait davantage tenir compte du fait que toute société abrite une dynamique compliquée de fractionnement et d'intégration dont les figures se renouvellent constamment.

Cela dit, comme la plupart des sociétés occidentales, le Québec doit désormais jouer le jeu d'une nouvelle démocratie (qualifiée de « délibérative » par le philosophe allemand Jürgen Habermas) qui consiste à réinventer sans cesse des consensus en négociant des compromis provisoires entre de nombreux acteurs avec des sensibilités, des visions, des traditions différentes, sinon opposées.

Dans une autre direction, nous avons relevé en cours de route un fait assez paradoxal en ce sens que les critiques les plus sévères provenaient souvent de répondants ayant repoussé le diagnostic de crise. Derrière cette apparente contradiction, nous trouvons l'idée que l'absence de symptômes de crise serait l'élément le plus inquiétant de la situation présente ; une situation de léthargie prévaut qu'une (vraie) crise permettrait de secouer, tout en poussant aux changements nécessaires. Une interprétation différente consisterait à dire que ces répondants, dédouanés par une situation générale qu'ils jugent non critique, pouvaient donner libre cours à l'insatisfaction que leur causait tel ou tel aspect défavorable de l'évolution culturelle.

Il est utile aussi de porter attention aux thèmes absents ou à peine effleurés. Ainsi, peu de répondants font intervenir la nation dans leurs analyses ou leurs réflexions. C'est un indice additionnel du déclin de cette référence dans la réflexion sur le Québec d'aujourd'hui parmi les intellectuels (en particulier les littéraires). En conséquence, la souveraineté politique n'est pas très visible elle non plus. De même, parmi les voies de sortie de la crise ou au chapitre des solutions proposées aux problèmes diagnostiqués, le religieux n'apparaît presque pas. L'une des plus vieilles et des plus puissantes sources de réenchantement du monde paraît ici épuisée ou presque — et cet énoncé vaut autant pour les jeunes que pour leurs aînés. Au titre des absences ou quasi-absences, on notera également la rareté des réflexions tentant de relier le culturel au social, de quelque façon que ce soit. Enfin, l'intolérance, le racisme et la xénophobie semblent avoir été radiés de la scène québécoise, les répondants s'accordant généralement à célébrer le pluralisme désormais en vigueur. Mais se pourrait-il que cette surprenante unanimité soit un peu suspecte (les Autochtones, par exemple, n'ont droit qu'à de très rares commentaires, tout comme les Anglo-Québécois) ?

Revenons brièvement sur la donnée principale de ce sondage. Dans l'ensemble, une majorité de répondants entretiennent une vision négative ou à dominante négative de la situation culturelle du Québec. Parmi eux, un certain nombre estime qu'il n'y a guère moyen de redresser les maux actuels tant leurs racines sont profondes. Le mot « impuissance » revient souvent sous la plume de ces répondants, mais il n'est pas évident que, pour autant, il faille craindre le retour de ce que l'un d'entre nous a appelé la pensée impuissante en référence au Québec francophone des années 1850-1960[5]. Plusieurs critiques, en effet, croient la situation réversible et proposent des correctifs. Il subsiste néanmoins une possibilité de cascade en vertu de laquelle le constat de crise et la tentation démissionnaire qu'elle alimente pourraient aggraver les symptômes de crise : nous songeons ici à ces répondants ayant fait valoir que l'une des composantes principales de la crise, c'est de nourrir la conviction qu'elle ne peut pas être vaincue.

CHAPITRE II

Divertissement ou désinvestissement de soi ?

Éloge des problèmes sans solution
Alain Roy

Comment répondre ?

Il n'est pas aisé de répondre à la première question de cette enquête[1], qui peut être entendue de multiples manières et dont l'ampleur a tout pour intimider. Sa plus grande difficulté vient de ce qu'elle exige d'établir un diagnostic sur l'état *actuel* de la culture : nous ne disposons pas, pour ce faire, du recul qui nous permettrait de mettre les choses en perspective, de départager l'essentiel de l'accessoire, de faire le tri entre les tendances lourdes et les manifestations éphémères. Aucune science ne peut combler cette lacune et nous faire émettre un diagnostic « sûr » et « incontestable ».

Au moment d'écrire ces lignes, cela fait plusieurs mois que je collabore à la production de cet ouvrage. J'ai lu, relu, analysé et compilé les réponses des participants. On pourrait croire que le privilège d'avoir médité toutes ces réponses avant de formuler la mienne devrait me rendre la tâche plus facile. Il n'en est rien. D'avoir retourné dans mon esprit cette abondante matière ne m'a pas donné accès à quelque point de vue supérieur ou synthétique ; et c'est en vain que j'ai attendu l'illumination qui me libèrerait du malaise causé par la multiplicité de diagnostics différents et, selon toute apparence, également légitimes. J'ai dû faire face ainsi à l'épreuve de la confusion, qui n'épargne sans doute pas grand monde par les temps qui courent — confusion qui laisse d'autant plus perplexe qu'elle ne découle pas d'un « manque » de savoir, auquel il suffirait alors de remédier, mais d'un excès, d'une exacerbation du savoir poussé jusqu'au point où il semble se dissoudre dans la complexité.

Si l'expérience du déboussolement est le détour obligé de toute recherche (une recherche qui connaîtrait d'avance ses résultats n'en serait pas une), la première question de cette enquête nous y conduit cependant presque d'elle-même. Que dire? Par quel bout commencer? En nous invitant à commenter l'état de la culture, la question nous place « devant le réel », dont on sait bien qu'il est beaucoup trop vaste et complexe pour qu'aucun savoir spécialisé ne puisse prétendre l'épuiser. Aussi n'avons-nous d'autre choix que d'adopter la position de l'essayiste qui se risque à décrire le monde à travers le filtre de son moi et de sa pensée. Nulle échappatoire pour celui qui accepte de relever le défi de la question. Il doit se compromettre, accomplir une sorte de saut dans le vide ; il doit s'en remettre à ce que lui communiquent ses « antennes » et tenter de faire la synthèse des impressions diverses, souvent contradictoires, que suscite en lui le spectacle du présent. La subjectivité se trouve nécessairement engagée dans un exercice de la sorte : en répondant à la question de ce sondage, nous parlons de l'état de la culture au Québec dans son environnement occidental, mais nous en disons certainement un peu à propos de nous-mêmes, en dépit de tous les arguments rationnels que nous pouvons invoquer pour étayer nos évaluations.

S'il fallait décrire la nature de cet exercice, nous pourrions dire qu'il consiste en l'expression d'*intuitions raisonnées*. Ces deux termes peuvent être lus comme un oxymore : l'intuition renvoie à une perception immédiate ou « sensible » de la réalité, à laquelle répond le raisonnement qui s'efforce de clarifier le sens de cette appréhension première. Cela ne signifie pas que l'appréhension intuitive de la réalité ne se trouve pas préfaçonnée par un certain nombre de représentations mentales ; mais celles-ci ne sont généralement pas de l'ordre du raisonnement ou de l'idée claire ; la plupart du temps, elles ne forment qu'un ensemble confus de conceptions plus ou moins vagues qui nous habitent à notre insu et que nous ne songeons pas à remettre en question — ce qu'on appelle en langage simple des idées reçues, la *doxa* en langage plus théorique.

Pour cette raison, il serait mal venu de chercher à établir un rapport hiérarchique entre la réflexion et l'intuition : l'intuition est une façon d'aborder le réel tout à fait valable en soi, dans la mesure où elle permet de recueillir des « informations » qui n'auraient pu être obtenues autrement, par le seul travail de l'intellect. Plus précisément, elle permet d'anticiper ce que l'intellect n'a pas eu encore le temps de saisir ; elle apporte la « matière brute » que la raison se charge ensuite de dégrossir. Sans l'intuition, l'intellect ne saurait sur quoi exercer son pouvoir d'analyse : c'est l'intuition qui indique ce qu'il est pertinent d'étudier.

La première question de ce sondage a partie liée avec l'intuition dans la mesure où elle nous demande de qualifier l'état présent de la culture : par définition, le présent implique la possibilité de l'inédit, la possibilité que se produise maintenant quelque chose qui n'a pas été théorisé ou l'a été seulement de manière hypothétique ou partielle. Notre présent ne vient évidemment pas de nulle part ; certaines continuités peuvent être dessinées avec le passé. Tout ce qu'on a pu écrire sur la modernité, la civilisation occidentale, les régimes démocratiques, l'ère postindustrielle, les bureaucraties, la société de masse, le postmodernisme, tous ces thèmes sont pertinents pour comprendre le temps présent ; mais la formulation de la question suppose qu'il pourrait y avoir aussi, en dépit de ce savoir accumulé, quelque chose de neuf à dire. D'où la nécessité de nous en remettre à l'intuition, en nous efforçant de comprendre ce qu'elle nous dit dans son langage laconique. Peut-être finirons-nous, au terme de l'exercice, par retomber en terrain connu; mais peut-être aussi que se présenteront en chemin quelques aperçus dans lesquels nous pourrons reconnaître les marques d'un présent inédit.

Je ne saurais trop insister sur le caractère circonstanciel de la réponse que je m'apprête à formuler. La réponse que je suis tenté de donner aujourd'hui n'est sans doute pas la même que j'aurais pu donner il y a cinq ou dix ans ou que je pourrais donner dans l'avenir. Le monde se transforme, je me transforme moi-même, et le monde, en se transformant, me transforme aussi. Ma réponse n'a donc rien d'un verdict définitif; elle désigne un moment au sein de ce double mouvement qui modifie le monde et ma perception de celui-ci. Le caractère momentané de cette réponse la prive-t-elle automatiquement de toute valeur? C'est une question qu'on peut être tenté de se poser et qui émane en partie du monde où nous vivons. Dans un monde où règnent le changement, l'oubli, la vitesse et les objets jetables, surgit le désir naturel de s'opposer à l'éphémère pour retrouver une certaine forme de permanence. Comment répondre à la question sans que cette réponse ne soit immédiatement desuète?

La relativité des points de vue soulève une autre série de problèmes. Notre époque, on le sait, se caractérise par le pluralisme, l'atomisation sociale, l'individualisme, la multiplication des groupes d'intérêts, la démocratisation de la parole, la perte de légitimité de l'autorité. Comment parler dans ce nouveau contexte? Comment dire quelque chose de signifiant qui ne soit pas discrédité *ipso facto* en tant que simple point de vue ou opinion? La démocratie favorise la liberté d'expression et, dans un même mouvement, neutralise la performativité de la parole : si l'expression individuelle peut être « libre », c'est parce qu'on s'est assuré, ou plutôt parce qu'on a pu vérifier avec l'expérience qu'elle serait inoffensive, de même qu'une goutte d'eau dans l'océan ne peut rien pour changer le cours des marées[2]. Du moins, c'est ainsi que les choses m'apparaissent dans nos sociétés pacifiées, où les citoyens ont parfaitement (ou presque) intériorisé la multitude de règles et d'interdits qu'ils se sont donnés pour établir cette précieuse paix. Ces considérations n'émanent pas d'une nostalgie pour une forme quelconque d'autoritarisme ; elles découlent d'une inquiétude quant au désir même de parler dans un contexte où la parole semble sans effet et neutralisée d'emblée, avant même d'avoir été formulée. Le domaine de l'édition littéraire permet d'observer ce phénomène sur le mode comique, voire pathétique : un nombre grandissant d'auteurs déplore la prolifération de titres dont ils sont eux-mêmes la cause et qui les condamnent à un commun anonymat. Attribuer ces lamentations au seul pouvoir de l'envie ou du ressentiment serait une dénonciation un peu facile ; quoique discourtoises, elles sont le reflet d'un contexte nouveau de profusion et de multiplicité qui mérite d'être étudié. Et ce d'autant plus que le désengagement politique ou citoyen, dont plusieurs s'inquiètent aujourd'hui, pourrait être la cause directe de cette perte d'efficacité de la parole.

Mais trêve de tentatives dilatoires : si je m'en remets à cette voix de l'intuition qui n'écoute qu'elle-même et se passe de justifications, mon sentiment est que je dois répondre « oui » à la première question de cette enquête. À la manière d'un jugement de goût, c'est une réponse qu'il m'incombe maintenant de vérifier, c'est-à-dire de me prouver à moi-même. Évidemment, il n'est pas exclu que ce travail d'explicitation m'amène à réviser mon intuition première et à conclure que j'aurais dû répondre différemment.

Le problème de l'intensité

La question de « l'intensité » est particulièrement intéressante dans la mesure où la crise à laquelle nous aurions affaire ne semble pas en présenter les signes extérieurs. Il est en effet difficile de prétendre que nous vivons aujourd'hui dans une situation de chaos ou de désorganisation sociale. À maints égards, nos sociétés sont plus structurées que jamais; en témoigne la multiplication des lois, chartes et règlements qui visent à combler tout « vide juridique » et à satisfaire ce besoin moderne que Philippe Muray appelle comiquement l'« envie du pénal ». L'humanité a connu dans son passé de nombreuses périodes autrement plus perturbées; et il n'est pas clair non plus que la situation se soit détériorée sur le strict plan matériel. On entend souvent parler de l'écart grandissant — et moralement condamnable — entre riches et pauvres, mais sans qu'il soit toujours précisé si celui-ci est dû à l'accroissement de la richesse chez les riches ou à la détérioration des conditions de vie des plus pauvres. Les deux phénomènes s'additionnent-ils à parts égales? Nos pauvres sont-ils plus pauvres que les pauvres d'autrefois? J'ignore si cette démonstration a été faite ou si elle peut être concluante. Enfin, sur le plan culturel, c'est un fait que l'offre est aujourd'hui abondante, tellement abondante qu'il est devenu impossible de se tenir au courant du déluge de nouveautés qui nous submerge à chaque « rentrée culturelle ». Quand on compare notre situation avec le passé, il semble que les choses ne vont pas si mal; en tout cas, si la situation n'est pas meilleure, il n'est pas évident qu'elle se soit manifestement dégradée.

Et pourtant, il se pourrait que nous traversions une période de crise sans précédent, dont l'ampleur nous échappe parce qu'elle ne peut pas être perçue à travers ces quelques « indicateurs » que je viens d'évoquer. Et pour cause: durant les dernières décennies, les sociétés occidentales se sont donné pour but de combattre les inégalités, d'assurer la paix sociale, de démocratiser l'accès à la culture et aux services de santé et d'éducation. On peut sans doute critiquer tel ou tel aspect des programmes mis en place dans le sillage de l'État providence; mais au total, il semble raisonnable d'affirmer que ces derniers se sont avérés des « vecteurs de progrès ». Si l'on considère les choses sous cet angle, l'hypothèse d'une situation de crise semble des plus fragiles. Pis encore, parler de crise alors que tout semble aller mieux qu'avant pourrait être interprété comme un signe d'ignorance ou d'ingratitude, voire comme le symptôme d'un appétit de richesses qui confine à l'envie et au ressentiment.

Voir les choses de cette manière suppose cependant qu'on se situe à l'intérieur du cadre de pensée de nos sociétés démocratiques. S'il y a crise, celle-ci ne peut pas être perçue dans l'optique des réformes sociales orientées vers le bien commun. Pour percevoir la crise, il faut quitter ce terrain des « services », des « programmes », des « infrastructures », des conditions matérielles au sens large. Mais évaluer son intensité devient alors très difficile. Comment mesurer ou quantifier une « crise du sens », une « crise de l'autorité », une « crise de la transmission » ? Cela est strictement impossible. On peut signaler des « manifestations » de ces formes de crise ; mais à ces manifestations, il sera toujours possible d'en opposer d'autres qui semblent les contredire et sans qu'on puisse jamais s'appuyer sur des données empiriques qui permettraient de trancher le débat. Il est d'autre part illusoire de chercher à obtenir un verdict par la simple addition des « pour » et des « contre ». Ce qui détermine la nature des diagnostics, c'est le poids relatif attribué à chacune de ces manifestations ; or, l'établissement de ces « poids » ne peut qu'être le produit d'évaluations subjectives. Par exemple, comment dire si le phénomène du divorce, qui semble devenir la norme dans nos sociétés, produira à moyen ou à long terme des dommages individuels et collectifs plus importants que les bienfaits découlant des progrès de la médecine, de la mise en place des réseaux de garderie et de l'entrée des femmes sur le marché du travail ? Aucune forme de quantification ne permet de répondre à cette question hypothétique, que personne ne se pose d'ailleurs en sachant bien qu'il est impossible d'y répondre (et il ne manquerait pas non plus d'esprits sagaces pour démontrer que la mise en parallèle de ces phénomènes est purement arbitraire). Nous y répondons pourtant, d'une certaine manière, lorsque nous choisissons d'accorder plus d'importance à tel ou tel facteur, lorsque nous nous affligeons de l'éclatement de la famille ou que nous nous enthousiasmons devant les progrès de la pharmacopée.

Parler d'une crise difficilement quantifiable peut nous amener à en diminuer l'importance. Si la crise « ne se mesure pas », c'est donc qu'elle n'est pas si grave. Qu'on le veuille ou non, nous avons plus ou moins intériorisé le réflexe issu des sciences exactes, ou d'une compréhension hâtive de ces dernières, qui consiste à valoriser les phénomènes quantifiables et à tenir pour acquis que les procédures de quantification ou de falsification (au sens de Karl Popper) sont nécessaires à la formulation de vérités. Ce qui ne peut être chiffré ou validé appartiendrait *de facto* au domaine suspect des impressions, de l'intuitif, de la fiction : poser le problème d'une crise de la culture nous soumet ainsi à la difficulté de formuler un discours de vérité sans pouvoir nous appuyer sur les procédures de vérification qui ont cours dans le champ des sciences exactes ou même dans le champ des sciences humaines.

S'il n'est pas inconcevable de formuler un diagnostic de crise (comme en font foi les quelques thèmes évoqués à l'instant), il faut reconnaître que ce diagnostic ne va pas de soi : la crise à laquelle nous ferions face n'a pas une existence si forte et si incontestable qu'elle ne puisse pas passer inaperçue. L'énoncé suivant pourrait servir à illustrer l'ambiguïté de la situation : « on dirait que tout va bien, mais en réalité ça va plutôt mal ». Comparativement à la crise de 1929 ou à la crise cubaine des missiles ou à la crise d'Octobre, pour prendre un exemple plus près de nous, la crise actuelle a quelque chose de discutable, comme si elle ne découlait pas de l'évidence des faits. Nous aurions ainsi affaire à une crise paradoxale, en ce sens qu'elle pourrait être « invisible » et donc objet de déni. C'est l'hypothèse de ce déni qui permet d'affirmer que nous faisons face à une crise tout à la fois profonde et inapparente, une crise dont on ne peut être certain qu'elle soit réelle mais dont les effets n'en seraient pas moins dévastateurs. Il est difficile de nier la crise quand les chômeurs font la queue devant les soupes populaires, quand les superpuissances sont au bord de la guerre nucléaire ou quand des soldats se promènent avec des chars dans les rues. La situation actuelle ne présente pas tous ces signes manifestement et ouvertement critiques. C'est peut-être la grande réussite de nos démocraties libérales qui excellent dans la « gestion de crise » : nous sommes passés maîtres dans l'art de tuer dans l'œuf les ferments de désordre qui menacent l'unité et l'harmonie sociales. Par un savant équilibrage de micro-décisions et de microajustements, toute forme de contestation et d'opposition est automatiquement diluée, neutralisée, récupérée. Aucune force perturbatrice ne semble capable de résister à cette capacité intégratrice de nos démocraties compréhensives qui ne s'ouvrent à l'autre que pour mieux le phagocyter.

La conjoncture de mondialisation accroît certainement l'intensité de cette crise « hypothétique ». S'il est un trait qui semble caractériser la conscience contemporaine, c'est bien le sentiment que nous sommes soumis à des forces d'une ampleur telle qu'il semble donquichottesque de vouloir s'opposer à elles. L'économie, la science, les médias, la politique mondiale, toutes ces sphères d'activité semblent obéir à des logiques qui nous échappent. En renonçant au mythe du grand homme et aux récits de batailles militaires, la « nouvelle histoire » nous a fait prendre conscience des mouvements de fond qui façonnent nos sociétés, mais non sans porter atteinte au narcissisme de l'individu aimant à croire qu'il possède le pouvoir de faire changer les choses. Comme le Charlot des *Temps modernes*, nous avons l'impression d'être les jouets de gigantesques engrenages, aussi imperturbables et hors de notre portée que la course des astres et des galaxies.

La crise actuelle est-elle intense ? Oui et non. Elle est intense et elle ne l'est pas. Devant elle, nous nous sentons impuissants ; mais elle agit en sourdine, sans qu'il y paraisse, presque avec notre consentement. Pour cette raison, le terme d'« aliénation » serait peut-être plus approprié pour qualifier la situation actuelle, à moins que nous devions recourir au terme choisi par Freud pour intituler son célèbre essai *Malaise dans la civilisation*. Nous éprouvons effectivement une sorte de malaise, plus ou moins diffus ou profond, mais que la réalité ne semble pas vouloir accréditer, en nous assurant que nous devrions être heureux, que les conditions du bonheur terrestre ont été réunies dans une mesure qui devrait nous satisfaire (je parle, bien sûr, des riches sociétés d'Occident). Nous ne voulons pas que les choses « aillent mal » ; mais si elles se détérioraient, nous aurions la satisfaction de pouvoir identifier la nature de notre mal-être et de nous employer à y remédier. C'est ainsi qu'une situation de crise peut devenir désirable. Ne gardons-nous pas, bizarrement, un souvenir attendri et même heureux de la « crise du verglas », de ces quelques semaines où nous avons combattu solidairement l'inclémence de la nature ?

Causes et manifestations de la crise

La principale manifestation de la crise actuelle, celle dont toutes les autres découlent, est d'ordre spirituel ou métaphysique. Plus exactement, s'il y a crise, c'est parce que cette dimension spirituelle ou métaphysique a cessé pour nous d'être opérante. L'accumulation des découvertes scientifiques et des innovations technologiques nous a conduits à tenir le monde pour acquis, à nous satisfaire de l'évidence des choses terrestres et de la connaissance (de la maîtrise) que nous avons de ces choses. On reconnaîtra ici le fameux thème heideggerien de « l'oubli de l'être » par la raison technicienne. Bien qu'on puisse vouloir le répudier, tel est bien l'état de la mentalité moderne. Telle est notre mentalité ; elle s'est incrustée en nous. Nous ne regardons plus le monde avec étonnement ou comme s'il recelait une part de mystère. Le spectacle du petit enfant qui s'émerveille devant le monde nous attendrit ; mais si ce spectacle en est un pour nous, c'est justement parce que nous le regardons avec distance, avec les yeux de spectateurs qui n'ont plus accès à cette innocente « fraîcheur » de l'enfant. L'adulte peut s'efforcer de reconquérir cette innocence perdue, il peut connaître de temps à autre ce qu'on appelle des « moments de grâce » ; mais ces moments sont par essence passagers, ils émergent sur le fond uni et quotidien de notre « non-grâce ». Ce serait nous mentir à nous-mêmes que de le nier : nous vivons la quasi-totalité de nos vies dans le déjà-vu et le déjà-connu. Si la nouveauté existe encore pour nous, elle ne provient pas du monde lui-même ; elle provient de l'humain, de ses innovations technologiques, scientifiques, médicales, sociales, artistiques, touristiques, de toutes les « modes » qu'il épouse et fabrique semaine après semaine, saison après saison. C'est parce que le monde ne nous semble plus neuf en soi que nous sommes obsédés par le besoin de lui infuser de continuelles et triviales nouveautés.

On pourrait en conclure que l'homme moderne est ravagé par l'ennui. Notre civilisation valorise la conscience, positivement connotée par les termes de savoir, de connaissance, de lucidité ou de raison. Mais la conscience possède aussi sa part d'ombre, dont nous n'avons pas toujours conscience, paradoxalement. Nous estimons la conscience plus que tout (« une vie non examinée vaut-elle la peine d'être vécue ? » se demandait Socrate), mais en nous cachant que cette dernière est à l'origine même de notre mal-être. On peut chercher à résoudre ce problème en construisant le mythe d'une conscience bonne qui ne nous séparerait pas du monde et nous rapprocherait de lui (par opposition à la « raison technicienne » qui transforme tout ce qu'elle touche en « objet ») ; mais ce genre de distinction est évidemment trop dicté par la recherche du bonheur pour être crédible. Le fait de la conscience est à prendre comme un tout : dire qu'il y a une conscience bonne qu'il faut cultiver et une conscience mauvaise dont il faut se départir n'est qu'un moyen facile de congédier la contradiction. Notre besoin de nouveauté vient de notre ennui ; et l'ennui est l'état de notre conscience. Ainsi, *la conscience que nous estimons plus que tout est la cause même de notre désenchantement*. Il semble difficile d'échapper à ce paradoxe fondamental. L'état de conscience pourrait-il ne pas être malheureux? Peut-être. Mais pas pour nous, pas pour l'humain tel que nous le connaissons. Nous pouvons être conscients des mauvais effets de la raison technicienne, mais cela ne suffit pas pour vaincre le désenchantement de la conscience.

L'humain s'efforce d'échapper à ce déchirement par toutes sortes de moyens : philosophies orientales développant le mythe d'une conscience positive; recherche d'états « modifiés » de la conscience (drogues, alcool, substances diverses); quête de « sensations fortes » (expériences extrêmes, états passionnels) où le pensé et le réfléchi s'éclipsent derrière le vécu et le ressenti. Toutes ces stratégies peuvent être assimilées à des formes de « divertissement », au sens que Pascal donne à ce mot. C'est la voie de l'hédonisme et des « plaisirs », nulle part aussi présente et affirmée que dans la sphère de la culture qui devrait avoir pour but de la critiquer. Et ce, non par jansénisme, mais parce que le discours du « plaisir culturel » est l'allié objectif des forces d'aveuglement. *Homo festivus* est le destinataire idéal des industries culturelles : un consommateur content, qui ne se pose pas de questions et consomme avec servilité ce que les médias de masse lui donnent à absorber. Sans doute avons-nous tous besoin d'échapper, de temps à autre, aux déchirements de la conscience malheureuse; mais ces échappatoires ne changent rien au fait que nous nous débattons avec ce problème tels des animaux en cage.

Une autre tentative consiste à faire comme si le problème n'existait pas en nous cloisonnant dans l'espace de l'action sociale ou politique. Autrement dit, il s'agit de réduire notre vision de l'existence en nous confinant à la sphère du « faisable ». L'établissement de lois plus équitables ou une démocratisation plus grande de l'accès aux services ne peuvent cependant satisfaire le besoin de sens qui émane de la conscience malheureuse. Nous faisons ce que nous pouvons pour nous « faciliter la vie », mais ces mesures facilitatrices ne nous sont d'aucun secours dès lors que s'ouvre la boîte de Pandore des interrogations existentielles. Plus encore, je dirais que la fonction secrète de toutes ces mesures qui ont envahi le discours public est de garder le verrou bien fermé sur cette boîte. On voit le paradoxe de la situation : en voulant améliorer notre sort au moyen de mesures sociales, juridiques, politiques, nous évacuons du même coup et malgré nous le problème de la conscience désenchantée.

Quelle solution reste-t-il pour ceux qui ne souhaitent pas vivre dans le divertissement, pour ceux à qui répugne l'idée d'une existence vécue dans le déni? Le fait d'admettre qu'il y a des problèmes sans solution pourrait-il être en soi une solution? Nous nous conditionnons à penser que chaque problème peut être réglé et que c'est une perte de temps de s'attarder à des problèmes qui ne peuvent l'être. À ceux qui soulignent l'existence de ces problèmes, toute une batterie d'arguments « moraux » sont opposés : on leur reproche d'avoir une attitude négative, d'être des gens pessimistes, non constructifs, etc. Ces êtres supposément « négatifs » ne font pourtant qu'essayer de comprendre lucidement la condition humaine.

Il ne s'agit pas ici de glorifier les renégats et autres « sacrifiés de la société », mais de souligner la relative inexistence de lieux significatifs qui nous permettraient d'affronter les problèmes insolubles en instaurant des fraternités de désarroi. Face aux problèmes sans solution, on ne peut pas grand chose en effet sinon chercher appui dans une communauté de semblables qui partagent la même inquiétude, la même conscience de notre conscience malheureuse. L'autre qui partage mon désarroi ne me permet pas de résoudre le problème sans solution, mais il m'aide à désamorcer l'inquiétude qui en découle : en l'autre, je reconnais mon propre désarroi, dont je peux alors me détacher, dans une certaine mesure, par la mise à distance que permet le spectacle de l'autre. Ironiquement, la conscience constitue ici son propre remède : la conscience qui nous sépare du monde fait notre malheur, mais elle nous en délivre aussi, lorsque notre malheur est aussi celui des autres. Ce mécanisme psychologique jette une ombre sur nos idéaux de sympathie, de compassion et d'altruisme, dont nous avons d'ailleurs appris à nous méfier comme de toute action désintéressée. L'homme est ainsi fait : son manque de « sainteté » est ce qui lui permet de survivre. S'il avait été facile pour lui de conquérir cette « sainteté », il y a longtemps que l'homme se serait arrangé pour correspondre à l'idéal qu'il s'est fait de lui-même. Mais nous n'en sommes pas là : notre désarroi et notre angoisse sont encore trop grands et trop profonds pour que nous puissions nous départir de nos peu nobles moyens de sur-vie. D'un point de vue anthropologique, il est sans doute normal ou naturel que la conscience puisse être l'antidote de la conscience : l'humanité aurait-elle pu se perpétuer si la conscience lui avait rendu la vie insupportable ? Pour que l'espèce humaine ait pu croître et se multiplier, il a certainement fallu qu'elle soit dotée du moyen de se prémunir contre le désarroi issu de la conscience malheureuse.

Il ne fait pas de doute que les religions, suivant la formule consacrée, ont pu être et ont été un « opium » visant à étouffer les tourments de l'homme. Une façon moins sévère de présenter les choses serait de dire qu'elles ont permis l'instauration de fraternités d'angoisse ou de désarroi. En déboulonnant l'édifice religieux, certes criticable à bien des égards, la pensée moderniste a laissé en plan ce besoin fondamental de l'humain. Occupée à réaliser l'utopie du bonheur terrestre, elle a fait comme si les angoisses existentielles n'avaient plus lieu d'être et comme si l'humain n'avait plus besoin de les partager. Plusieurs écrivains du XXe siècle (tels que Kafka, Beckett ou Camus) ont jugé nécessaire de rappeler leur présence. Aussi, il m'apparaît significatif que l'expression « angoisse existentielle » ne soit plus utilisée aujourd'hui que sur le mode de la dérision. L'individu qui a des « angoisses existentielles » est quelqu'un dont on peut se moquer. Mais la moquerie n'est pas un geste innocent : que nous nous moquions des « angoisses existentielles » signifie que nous souffrons toujours de ces angoisses et que nous les percevons comme une marque de faiblesse honteuse ou peut-être comme un luxe de bien nanti. Il ne faut pas confondre ici l'angoisse existentielle avec l'angoisse de survie, qui préoccupe l'humain moderne à chaque instant : rester jeune, gagner de l'argent, accumuler des biens, se doter de toutes les « assurances » possibles et imaginables — toutes nos vies sont dominées par l'obsession de calmer cette angoisse qui émane du moi. L'angoisse de survie est par nature « individualiste » et c'est pourquoi l'humanité moderne et narcissique est obnubilée par elle, situation pour le moins paradoxale quand on songe au fait que l'espérance de vie est à la hausse et que nous vivons dans des sociétés plus riches et paisibles que jamais.

Contrairement à l'angoisse de survie, l'angoisse existentielle repose sur le désinvestissement du moi. Au lieu de se soucier du sort de l'individu lui-même, elle porte sur l'ensemble de ce qui existe, sur l'univers tout entier, sur l'« être » en soi, sur cet ordre de réalité qui transcende le sujet individuel et dont la simple existence a quelque chose d'étonnant, d'étrange ou d'inquiétant. L'angoisse existentielle suppose que l'on passe outre la question de la survie individuelle pour se soucier de l'existence du tout : c'est pourquoi elle peut apparaître comme un luxe. À la source du mépris dont elle est l'objet, il entre certainement une bonne part du ressentiment populaire pour tout ce qui ne concerne pas le domaine des premières nécessités : pour l'homme qui doit « durement gagner sa vie », qui hait le fait de devoir travailler et qui rêve du jour où il pourra enfin s'affranchir de ce besoin, pour le travailleur esclave des sociétés de masse contemporaines, les angoisses existentielles sont un petit déplaisir de riches. D'où le malaise qu'éprouve souvent l'esprit populaire à l'endroit des artistes ou penseurs ayant pour vocation d'explorer ces angoisses où le sort de l'individu n'est pas en cause (mais sans vivre nécessairement dans la richesse). L'artiste bohème et sans le sou peut ainsi ressembler à un « aristocrate » parce qu'il vit sans se soucier des biens matériels dans une société obnubilée par eux. L'« héroïsme » de l'artiste, de l'écrivain, du penseur ou de ceux qu'on appelait jadis des « saints » provient de leur capacité à se projeter au-delà de leur propre moi (du moins en partie), alors que l'homme du commun, peu importe la classe

sociale à laquelle il appartient, se soumet entièrement à sa tyrannie. Pour l'humanité moderne et narcissique, ces « professionnels
du désinvestissement du moi » sont des modèles admirés, mais
détestables aussi car ils la renvoient à son égoïsme et à sa vanité.

Les religions humaines possédaient aussi une autre vertu
qu'on pourrait qualifier d'involontaire. Bien qu'elles se préci-
pitaient pour apporter des solutions, entre autres sous la forme
de la vie éternelle, les religions entretenaient chez l'humain la
conscience aiguë qu'il devait affronter toute une série d'épreuves
échappant à sa maîtrise (la mort, par exemple). En dépit de ses
visées consolatrices et moralisantes, l'univers religieux faisait cir-
culer dans l'imaginaire collectif un ensemble de concepts (finitude, faute, pardon, humilité) devenus quasiment inopérants au
sein de notre monde sécularisé. Aussi il convient de se demander
si l'Occident moderne (hormis les États-Unis, qui ne font partie
qu'à moitié de l'Occident moderne) ne s'est pas débarrassé de la
Religion, non parce qu'elle était obscurantiste et qu'elle nous
empêchait de jouir sans entraves, mais parce qu'elle perpétuait
une certaine forme de mauvaise conscience et nous séparait ainsi
de cet état de béatitude terrestre qui semble devenu l'idéal d'une
humanité enfin libérée de tout, de la faute, de la mort, du doute, de
l'angoisse et du désarroi. Le néo-humain festif qu'on rencontre
dans les œuvres d'auteurs contemporains comme Philippe Muray
ou Michel Houellebecq a peut-être quelque chose d'un peu cari-
catural ; il n'empêche que cette caricature exprime avec justesse
la mauvaise foi de l'homme moderne qui rêve d'alléger sa
conscience en la purgeant de toute inquiétude, de tout conflit, de
toute ambivalence, de tout mystère, cependant qu'il se gave tous
les jours d'euphorisants et d'antidépresseurs.

Il subsiste sans doute aujourd'hui ce qu'on pourrait appeler
des « microfraternités » de désarroi : églises traditionnelles (ou ce
qu'il en reste), nouvelles religions, groupes d'entraide, organismes
civils et communautaires, mouvements activistes, chapelles artistiques, etc. Le problème, c'est que la petite taille de ces fraternités

leur donne un aspect « sectaire » et les prive du pouvoir symbolique dont bénéficient les véritables institutions collectives. Le plus grand danger qui guette nos sociétés plurielles et fragmentées, ce serait ainsi la disparition de l'ordre symbolique lui-même, dont la vastitude et la monumentalité sont en quelque sorte requises pour que nous lui confiions la mission de nous prémunir contre les problèmes ultimes et l'angoisse qu'ils font naître en nous. Pour être réellement efficace et opérante, l'institution symbolique doit être une incarnation de l'unicité, ce qui n'a rien à voir, faut-il le préciser, avec la monarchie ou le fascisme. Ce genre d'amalgame (auquel la gauche intellectuelle nous a habitués) ne fait que propager la confusion : voulant combattre la tyrannie, les idéologies « progressistes » œuvrent souvent malgré elles à la destruction du symbolique. Il en va de même des discours pieux qui célèbrent la « multiplicité » et la « différence », mais sacrifient au narcissisme d'individus cherchant à se convaincre de leur unicité. Or, en regard de l'ordre symbolique, en regard des problèmes ultimes, en regard de l'univers lui-même, l'unicité de tel ou tel individu s'avère strictement sans importance. Pour les individus-rois que nous sommes, un tel énoncé a quelque chose de déplaisant, voire de monstrueux ; nous y voyons la caution philosophique qui pourrait servir ultimement à justifier des actes de barbarie. Si les individus ne sont pas aussi uniques qu'on le prétend, qu'est-ce qui nous retient de les faire disparaître ? Reconnaître que nous ne sommes que poussière et commettre des génocides sont pourtant deux choses bien différentes. Pour nous protéger de la barbarie, nous avons donc fait de l'Individu une valeur absolue et sacrée, désinvestissant de ce fait l'ordre symbolique, lequel ne peut émerger que dans le renoncement de chacun à sa seule individualité, que ce soit au profit du divin, du cosmos, du mystère, de l'ordre symbolique ou des problèmes sans solution. Précisons en passant que ce « quelque chose qui nous dépasse » ne doit pas être confondu avec des phénomènes comme la « mondialisation » ou ce qu'on appelle parfois « le système », qui sont d'origine humaine et ne peuvent donc incarner une véritable transcendance : de cette confusion découle le malheur des héros de Kafka, qui semblent croire en la bureaucratie comme s'il s'agissait d'une religion.

Aujourd'hui, en Occident, ce désinvestissement de l'Individu apparaît presque inconcevable. Il est très difficile d'imaginer comment l'individu occidental pourrait en venir à se départir de son narcissisme hédoniste et matérialiste. Peut-être que le modèle des sociétés orientales (en supposant qu'elles le restent) pourrait être de quelque utilité ? À cet égard, les sociétés d'Orient semblent plus « véridiques » que les nôtres : pour le peu que je puisse en juger, on s'y fait moins d'illusions quant à la place réelle des individus au sein de la masse. Les sociétés d'Occident sont massivement conformistes et composées d'individus incroyablement ressemblants, mais on s'y berce de l'illusion flatteuse que chacun est fabuleusement unique, original, irremplaçable. Le malaise qu'on peut éprouver en relisant le roman *1984* de George Orwell vient de ce qu'il perpétue le point de vue aveugle de l'Occidental moderne et libéral : pour combattre le spectre du totalitarisme, il ne suffit pas en effet de nous livrer à la célébration de l'individualité. Défendre l'Individu purement et simplement nous a conduits là où nous sommes. On dira que c'est mieux que le totalitarisme et la barbarie ; sans doute, mais encore faut-il admettre que la solution que nous avons choisie entraîne un ensemble de conséquences qui sont à la source même de notre malaise. Les problèmes qui sont aujourd'hui les nôtres sont le produit des solutions que nous avons choisies : c'est cette dimension paradoxale de la crise qui est ignorée lorsque nous faisons comme si la situation actuelle pouvait être améliorée *à l'intérieur même du cadre qui est le nôtre,* c'est-à-dire celui de la civilisation occidentale moderniste, individualiste, techniciste et libérale.

Face aux problèmes sans solution, nous souffrons donc d'un défaut de communauté et d'un défaut de reconnaissance. Les problèmes insolubles étant évacués du discours public, chaque individu se trouve placé dans la situation de devoir affronter solitairement ces problèmes collectivement déniés. La prolifération des « moyens de communication » n'a pas aboli l'existence d'un espace public devenu simplement plus éclaté et fragmenté; cependant cet espace, par l'effet des médias, est maintenant soumis à des fonctions de distraction et de divertissement, même lorsqu'il se donne l'alibi de « transmettre de l'information » ou de « débattre des questions d'actualité ». Dès que les médias s'emparent d'eux, « informations » et « débats » sont aussitôt coupés de toute portée symbolique réelle; c'est-à-dire que ces informations et ces débats ne sont jamais, dans le discours médiatique, reliés, même de très loin, à ce que la philosophie appelle les « fins dernières ». Le discours médiatique est un discours métaphysiquement émasculé: aussi est-il généralement vain, superficiel et frivole, même lorsqu'il se donne des airs de « sérieux ». Voilà ce que les gens des médias ne voient pas et semblent incapables de voir lorsqu'on essaie de leur expliquer les limites de leur travail. Comme pour l'humanité moderne en général, le langage de la philosophie leur est devenu incompréhensible, tel un charabia ésotérique ou abscons. Mais il serait injuste de blâmer les journalistes plus que quiconque. Ces derniers sont un reflet de l'époque et de la société. Comment leur reprocher de participer à ce qui nous afflige collectivement? Il serait d'ailleurs absurde de vouloir placer notre salut entre leurs mains. Cependant, on ne peut s'empêcher d'éprouver comme un désenchantement supplémentaire du fait que l'espace public ne remplit pas la tâche qu'on pourrait attendre secrètement de lui.

De la même manière que la mise au rancart des religions, la désagrégation du symbolique au sein de l'espace public satisfait notre désir inavoué de ne pas reconnaître l'existence des problèmes sans solution. Ce mécanisme de déni se manifeste avec éclat dans le domaine (fort lucratif) de la pharmaco-psychiatrie. Que nous puissions l'observer dans une variété de champs qu'il touche de manière transversale suggère que nous avons affaire à un phénomène de première importance dans le façonnement de notre monde. De même qu'on se débarrasse de la religion parce qu'il y est question de mort, de faute et de culpabilité ; de même que les médias s'occupent à nous divertir en prétextant nous « informer » ; de même la pharmaco-psychiatrie proclame qu'il est sans intérêt de chercher les causes et les raisons de la douleur psychique ; il suffit de l'anesthésier. En somme, dans les trois cas, il s'agit d'éviter non seulement tout inconfort ou conflit concrètement vécus, mais de bannir l'inconfort et le conflit de l'expérience humaine, de rendre ces deux notions désuètes et, ultimement, incompréhensibles. Le néo-humain, tel qu'on le rencontre dans les pages de Houellebecq ou Muray, semble avoir perdu toute notion de ce que pourrait être l'angoisse. C'est un être de surface, sans dedans, sans profondeur. Il veut être « bien dans sa peau » et toute forme de souffrance lui semble comme une injustice personnelle qu'on lui aurait fait subir.

Ces considérations ne visent pas à promouvoir une forme quelconque de masochisme ou de délectation morose ; elles ont simplement pour but de rappeler que l'expérience humaine n'est pas une « partie de plaisir », contrairement à ce que la publicité essaie de nous faire croire plusieurs centaines de fois par jour. L'inquiétude, l'angoisse et le mal-être font partie de la vie : faire comme si tout cela n'existait pas ne peut qu'entraîner une atrophie de la vie intérieure, c'est-à-dire, au bout du compte, un défaut de conscience, une vie « non examinée » (nous en revenons à Socrate). Le rétrécissement de la vie intérieure chez l'homme moderne est certainement l'une des caractéristiques les plus marquantes de notre temps. De quelque côté que l'on regarde, tout semble suggérer que les humains ne savent plus pourquoi ils vivent ou qu'ils sont en train de perdre la faculté de se poser ce genre de question « inutile », bien qu'ils se croient terriblement plus intelligents que leurs ancêtres. Ce décalage entre les prétentions de l'homme moderne et la pauvreté de sa vie intérieure fait naître une sorte d'agacement, l'agacement que suscite le spectacle de la fausseté, du mensonge, de l'hypocrisie. On peut rêver de s'extraire de la société pour ne pas participer à cette mascarade.

Certains trouveront peut-être que je force le trait, que l'humanité moderne n'est pas aussi perdue que je viens de le dire, qu'il faut avoir foi en l'homme, etc. À ces objections je répondrais que mon intention n'est pas de vouer l'humain aux gémonies, mais de comprendre dans quel sens nous tirent les forces du monde. Peut-être que nous saurons leur résister ; mais encore faut-il les identifier *et juger qu'elles sont nocives.* C'est ce dernier point qui permet de concevoir des doutes : si les forces « mauvaises » semblent nous apporter un surcroît de bien-être, au nom de quoi déciderions-nous de les combattre ? L'humanité moderne n'a-t-elle pas opté pour le Prozac contre la psychanalyse ? Les nouvelles technologies médicales n'ont-elles pas pour mission de satisfaire tous les désirs et tous les narcissismes ? Un jour ne viendra-t-il pas où cette notion même de « narcissisme » sera incompréhensible parce qu'il sera jugé tout à fait naturel d'être narcissique ?

Il se peut que ces propos paraissent éloignés du problème de la « crise de la culture », mais c'est qu'ils s'efforcent de saisir le problème à sa source, de définir le contexte d'une crise qui se manifeste discrètement et de mille et une manières dans la vie concrète. Tout ce qui vient d'être dit pourrait nous amener à conclure qu'il n'y a pas plus de crise aujourd'hui qu'il y a deux cents ou deux mille ans. L'humanité s'est toujours trouvée devant des problèmes sans solution. Mais la situation actuelle pourrait être nouvelle dans la mesure où elle témoigne d'un déni massif de ces problèmes, notamment dans le champ de la culture de masse qui joue le jeu de l'illusion, du divertissement, de l'aveuglement hédoniste et festif. Comme l'ont affirmé quelques-uns des répondants à cette enquête, « s'il y a crise, c'est parce qu'il n'y a pas de crise ». S'impose alors une forme envahissante de *pseudo-art,* un art qui n'en est pas un et qui travestit les plus hautes fonctions de l'art. Or, ces « produits culturels », comme on dit aujourd'hui, ne font pas seulement qu'ignorer la fonction existentielle ou métaphysique de l'art ; ils la combattent activement, opiniâtrement, en se faisant les véhicules du divertissement. Ce qu'on appelle « culture » dans les ministères, dans les médias et chez les promoteurs des industries culturelles, n'est très souvent, dans les faits, que de « l'anticulture ». Comment de tels « produits culturels » pourraient-ils « cultiver » quoi que ce soit quand ils sont asservis au présentisme de la consommation éphémère?

Évidemment, l'art n'est pas mort (le XXe siècle n'a pas cessé de proclamer cette mort); il existe toujours et des artistes continuent de créer, plus ou moins à la marge, comme ils l'ont toujours fait, répondra-t-on; sauf que les artistes d'aujourd'hui sont marginalisés par la « machine culturelle » qui se fait passer pour de l'art. Ils doivent ainsi s'affronter à un ennemi qui a pris les atours de l'art. Ce phénomène est nouveau et il est aussi difficile à combattre que l'hypocrisie des bien-pensants. Que peut l'artiste contre un « secteur culturel » cherchant par le biais du plaisir et de l'évasion à combattre l'inquiétude, le doute ou la joie qui émanent de l'art véritable? Il n'est peut-être pas inutile de rappeler que les artistes eux-mêmes, les « créateurs de produits culturels », n'utilisent généralement pas le terme de « culture » unanimement adopté par tous ceux qui gravitent autour d'eux: les artistes parlent d'art, d'œuvres, de romans, de peinture, de théâtre, de musique. « Culture », dans le champ de la création, est un mot qui sonne plutôt creux. Il semble volontairement flou, uniformisant. Parler d'« art véritable », dans nos sociétés démocratiques, réveille les démons d'une élite cultivée jouissant de ses privilèges. Pour contrer l'aristocratie du goût, le moyen le plus efficace consistera à jeter le discrédit sur le jugement de goût lui-même. Chacun son goût. Des goûts on ne discute pas. Mais en attaquant le jugement de goût, c'est l'art lui-même qu'on attaque, puisque toute œuvre est le produit du jugement esthétique de l'artiste qui la crée. Ce simple fait devrait aller de soi, mais le mythe de l'artiste naturel, spontané, intuitif est coriace par les temps qui courent. On veut bien admirer les artistes, mais qu'on n'aille pas leur accorder un don de voyance dont ne disposerait pas le commun des mortels! Le mythe du génie, ainsi que les « analystes du discours » l'ont démontré, remonte à l'époque romantique : c'est donc dire qu'il est inventé, puisqu'il est historiquement daté (ce raisonnement peut faire sourire mais on le rencontre dans les études littéraires).

Pouvons-nous sortir de la crise ?

Ce que l'humanité gagne d'un côté, elle semble le perdre de l'autre : plus elle accumule de réussites scientifiques et technologiques, plus elle oublie ce que l'existence recèle de mystère ; plus elle dispose de moyens de s'enrichir, plus elle s'adonne à l'avidité consumériste ; plus le contexte lui permet de « s'émanciper », plus elle devient irrespectueuse et incivique ; plus elle prêche l'« ouverture », plus elle détruit les référents qui lui servent de fondement ; et ainsi de suite. Pour « sortir » de la crise, il faudrait pouvoir échapper à cette série de paradoxes, mais comment le pourrions-nous quand les découvertes scientifiques, l'enrichissement, l'émancipation et l'ouverture sont idôlatrées comme des valeurs de « progrès », quand ce que nous appelons le progrès, contre toute évidence et de manière unilatérale, entraîne un ensemble de régressions dont nous choisissons de croire qu'elles n'ont aucun rapport avec lui ?

Un premier pas serait peut-être de reconnaître l'existence de cette dynamique de progression-régression. Se référer, comme nous tendons à le faire, à une dynamique de « pur progrès » trahit notre surinvestissement des questions matérielles : on peut défendre l'idée que les « conditions de vie » des humains se sont améliorées avec le temps, mais les « conditions de vie » ne sont pas l'alpha et l'oméga de l'existence — et encore moins de la « culture ». Comme je le rappelais plus haut, il existe un certain ordre d'expériences qui transcende la question du bien-être des individus. C'est le cas de l'angoisse existentielle, par opposition à l'angoisse de survie, et c'est le cas aussi de l'expérience esthétique, qui ne peut être assimilée à un simple « plaisir », fût-il de l'esprit.

L'expérience esthétique possède une dimension métaphysique : c'est ce qui fait son prix; et l'ingénierie sociale ne peut pas atteindre cet ordre de réalité dont le propre est d'échapper à l'emprise de l'humain. On peut certes chercher à améliorer les conditions de vie des artistes ou la diffusion des œuvres auprès du grand public, mais tous les « programmes », toutes les « initiatives », toutes les « stratégies », tous les « plans d'action » que nous pouvons concevoir à cet effet sont sans conséquence en regard du mystère sans fond de l'existence ou pour le romancier ayant comme vocation de décrire le spectacle de la comédie humaine.

Un humoriste rétorquerait ici que pour éprouver une angoisse existentielle ou une émotion esthétique, il faut d'abord être vivant. La foule des rieurs serait de son côté et l'hégémonie des considérations matérielles se verrait de nouveau confortée. Affectant de jouer les contestataires, l'humoriste volerait à la défense du lieu commun. Il faut être vivant pour éprouver une angoisse existentielle, une émotion esthétique : telle est la grande, la subtile, la profonde sagesse de notre temps. Les Anciens ne craignaient pas de se demander si l'être est préférable au non-être. Pour nous, cette question ne se pose plus. C'est de cette conviction que découle le rétrécissement de la vie intérieure chez l'homme moderne; et tous ceux qui cherchent à « améliorer la société » risquent malgré eux de participer à ce rétrécissement : ils sont piégés par ces dynamiques paradoxales que j'évoquais plus haut. Vouloir tout améliorer renforce l'illusion volontariste que notre vie n'est pas, pour l'essentiel, une chose qui nous échappe. Or, c'est un fait que je n'ai pas décidé de naître, que je n'ai pas décidé de mourir, que je n'ai pas décidé du temps ni du lieu de mon existence, que je ne décide pas du cours de l'histoire, que je ne décide pas de ce que pensent et veulent les autres, que je décide somme toute de très peu de choses quand je regarde la réalité dans son ensemble. À la longue, il devient suffocant de vivre dans un monde qui ne reconnaît pas cette impuissance foncière de l'humain et insiste constamment sur le « très peu » que nous décidons.

Je ne plaide pas ici pour la « démission » ni le « désengagement du citoyen ». Il s'agit simplement de constater que nous avons élevé l'« autonomie » et la « liberté individuelle » au rang de valeurs absolues ; et que, ce faisant, nous cherchons à nous conforter avec l'idéal d'un moi fort, volontaire et libre de ses choix. Cette forme de surcompensation remplit au mieux des fonctions défensives ; au pire, elle est un mensonge qui engendre et nourrit nos fantasmes de toute-puissance. Se sentir impuissant face à la réalité ne constitue pas en soi un problème : il me semble au contraire que c'est le point de départ de toute pensée et de toute action réalistes. Le danger, aujourd'hui, me semble se trouver du côté du déni. Comme l'ont suggéré plusieurs observateurs, l'importante croissance des cas de dépression en Occident n'est sans doute pas étrangère à cette inflation imaginaire de nos capacités : tôt ou tard, l'individu finit par s'apercevoir qu'il n'est pas à la hauteur de « son » idéal, qui lui vient en fait de la société et des autres dont il cherche la reconnaissance. Même pour ceux d'entre nous qui ne sont pas « déprimés », qui peut dire qu'il n'a pas été habité par le sentiment de ne s'être pas « réalisé », de mener une vie en deçà de ses « rêves », de ne s'être pas « rendu » là où il espérait ?

Avant de nous lancer dans la « recherche de solutions », il m'apparaît important de bien évaluer ce que nous pouvons et ce que nous ne pouvons pas faire. À cette fin, il peut être intéressant de nous arrêter un moment sur la vision que nous nous faisons aujourd'hui du « fatalisme ». Au premier coup d'œil, on pourrait croire que l'attitude fataliste est très répandue ; et l'on invoquerait, pour appuyer cette affirmation, le climat de désenchantement, de défaitisme et de cynisme qui semble régner actuellement. Toutefois, il n'est pas clair que ce prétendu fatalisme ait quelque résonance métaphysique. Le fatalisme, dans son principe, suppose un ordre transcendant : or, le sentiment d'impuissance que beaucoup ressentent aujourd'hui me semble dépourvu de cette dimension, puisqu'il nous affecte *contre notre gré* — réaction qui serait absurde dans le contexte d'un véritable fatalisme. On pourrait invoquer aussi le fait qu'il n'est pas rare d'entendre *déplorer le fatalisme*, position qui n'a évidemment aucun sens, le fatalisme impliquant par définition la reconnaissance de ce qui échappe à notre pouvoir. Ainsi, ce genre de déclaration peut être interprété comme le symptôme d'une hypertrophie de la pensée volontariste, qui se croit capable de tout mais ne fait qu'engendrer, dans les faits, déceptions, plaintes et récriminations. Le fatalisme bien compris a précisément pour but de nous épargner ces écueils, la reconnaissance de ce que nous ne pouvons faire devant normalement mener à un apaisement de la volonté. À l'impossible, nul n'est tenu. Mais notre époque, qui à cet égard peut être qualifiée de « perverse », semble éprouver un malin plaisir à rejeter toute limite, à rejeter le principe même de la « limite » perçue comme une brimade, une atteinte à la liberté de l'individu, une manifestation abusive et illégitime de la force et du pouvoir. De là le caractère puéril et dérisoire de toutes ces transgressions, subversions et contestations, auxquelles l'art contemporain nous a habitués depuis plus d'un demi-siècle et qu'il continue de pratiquer comme si de rien n'était, sans se douter qu'il va ainsi dans le sens même de la *doxa*. On ne saurait donner un plus bel exemple d'art non pertinent : en phase totale avec l'air du temps, toute véritable dimension critique s'en trouve exclue. Cette forme d'art n'est pas souveraine, elle est symptomatique.

On objectera peut-être que la réhabilitation du fatalisme ne ferait que reconduire le sentiment d'impuissance que nous connaissons déjà. Il me semble que ce devrait être le contraire. Comme je viens de le dire, le fatalisme devrait « désamorcer » ce sentiment en nous amenant à reconnaître l'ampleur de ce que nous ne maîtrisons pas. Défendre le fatalisme, cela revient en l'occurrence à défendre le principe de réalité. On ne sort pas indemne de cet exercice. Comment vivre dans la superficialité et l'avidité matérialiste lorsqu'on est habité par la conscience de sa finitude ? Reconnaître notre condition de mortels nous invite à « mettre nos priorités à la bonne place » ; et c'est donc dire, que la reconnaissance des problèmes sans solution peut avoir des effets bénéfiques, le premier d'entre eux étant de contenir les débordements de l'*hubris*. Mais l'homme moderne n'aime guère ce genre de problèmes et sa tentation est de ne s'occuper que de ceux qu'il peut résoudre (afin de se conforter dans le sentiment de son invincibilité). Toutefois, il y aurait lieu de se demander si ces derniers constituent de véritables problèmes. Les problèmes dignes de ce nom sont ceux qui nous résistent, ceux qui nous refusent la satisfaction facile d'avoir agi et d'avoir été efficaces, d'avoir « relevé des défis ».

En toute logique et pour être conséquent, la réhabilitation du fatalisme devrait s'appliquer d'abord au projet même de le réhabiliter. Depuis des siècles, les exemples ne manquent pas de réformes morales qui ont lamentablement échoué : comme on sait, l'humain ne se transforme pas à coup de manifestes politiques ou poétiques. La transformation des mœurs et des mentalités s'effectue dans la longue durée, en se modelant sur des mouvements de fond que nul ne peut prétendre maîtriser. Le réinvestissement du sens de la fatalité n'aurait donc des chances de se concrétiser que dans la mesure où il entrerait en résonance avec des dynamiques réelles et significatives. Il se peut que ce soit le cas dans la conjoncture actuelle où presque tout semble nous glisser entre les doigts : la mondialisation engendre des phénomènes d'une puissance inouïe dont les foyers deviennent de plus en plus difficiles à localiser. La perte de pouvoir des États nations, l'éclatement des repères, la remise en question des valeurs, tous ces phénomènes engendrent une certaine confusion, l'impression d'avancer dans l'inconnu et de ne plus pouvoir nous en remettre à quoi que ce soit de stable et d'assuré. Ces phénomènes semblent se produire d'eux-mêmes, en dehors de notre volonté. Nous pouvons les déplorer ou les condamner, mais ils se produisent malgré tout. Dans ce contexte, réinvestir le sens de la fatalité nous permettrait de donner une dimension métaphysique à l'impuissance que nous éprouvons quotidiennement. Comment cela pourrait-il se faire concrètement, je n'en ai aucune idée, mais il me semble que c'est une évolution possible, une sorte de « petit pas » qu'il n'est pas irréaliste d'envisager. Si l'Occident souhaite réagir à la « crise du sens », à la « crise de la transmission » ou à la « crise de l'autorité », il devra nécessairement le faire sur le plan de la « vie intérieure ». Ce ne sont pas des percées médicales ni de nouveaux gadgets technologiques qui peuvent répondre à des préoccupations de cet ordre. Aussi il me semble que, dans l'Occident sécularisé, le réinvestissement du fatalisme comme point de « refondation » représente une hypothèse plus crédible que le retour des religions traditionnelles ou la fondation de nouvelles religions « modernisées ».

Il serait surprenant, en effet, que l'humanité occidentale puisse soudainement réinvestir le champ de la croyance. Non seulement parce que les jeunes générations n'ont aucune expérience concrète de ce dont il peut s'agir, mais parce que la méfiance, le cynisme et le désenchantement sont des éléments profondément enracinés dans la psyché actuelle. Ils ne disparaîtront pas de sitôt. Le XXᵉ siècle a laissé des séquelles : la lucidité nous commande de nous méfier de l'humain et de nous-mêmes. Nous peinons à réinvestir collectivement des valeurs positives, si ce n'est par l'entremise d'un appareil juridico-administratif chargé d'assurer la paix civile, la redistribution de la richesse et l'accès aux services.

Retrouver le sens de la fatalité est une façon modeste de réinvestir le champ de l'intériorité en partant de l'état actuel de la culture et des mentalités. Mais encore une fois, j'ignore comment cela pourrait s'effectuer sur le plan pratique. Quel phénomène, quel incitatif pourrait être suffisamment puissant pour amener l'humain occidental à modifier ses habitudes de pensée? Il est vraiment très difficile de le dire. Peut-être que seule y parviendrait une catastrophe de grande envergure? Ce serait le côté « positif » de la fascination morbide que nous éprouvons pour cette forme de spectacle télévisé. Ne sachant plus quoi faire pour refonder le monde, nous attendrions secrètement qu'il s'effondre avec l'espoir de le rebâtir.

Le cas du Québec

Partons du constat que le Québec est une nation jeune et de petite taille (ou de taille moyenne). Il en découle deux conséquences sur le plan culturel. La première est qu'il possède un patrimoine réduit comparativement aux vieilles nations d'Occident. Cela doit être entendu sur les plans quantitatif et qualitatif : il n'est peut-être pas agréable de le reconnaître, mais c'est un fait que très peu d'œuvres produites au Québec, sinon aucune, ne peuvent prétendre avoir influencé de manière significative le cours de l'art ou de la littérature ou de la musique occidentales. Sans doute le Québec a-t-il produit un certain nombre de « très bonnes » œuvres ayant pu jouir d'un certain écho à l'extérieur de ses frontières; mais qu'il ait produit d'authentiques chefs-d'œuvre ayant acquis le statut de référence universelle est une affirmation pour le moins hasardeuse. La deuxième conséquence résulte de la première : le Québec recherche avidement la reconnaissance des grandes nations. Il s'agit d'un trait majeur de sa « personnalité », qu'il partage probablement avec l'ensemble des petites nations (voir, par exemple, ce que dit Milan Kundera des petits pays d'Europe centrale). Ce trait, toutefois, semble plus accusé chez lui à cause de sa courte histoire et du relatif isolement dans lequel il s'est trouvé durant des siècles, loin de l'Europe et coupé par sa langue du reste de l'Amérique. L'absence de chefs-d'œuvre accentue le phénomène si l'on compare sa situation avec celle d'autres petites nations comme l'Irlande, la Pologne, la République tchèque, la Catalogne, la Finlande, le Danemark, les Pays-Bas ou la Suède, pour ne nommer que celles qui peuvent s'enorgueillir d'avoir produit des artistes de premier plan (ces petites nations sont aussi plus anciennes que le Québec).

L'avidité de notre besoin de reconnaissance se traduit par une attention démesurée aux moindres échos venus de l'extérieur, et plus particulièrement aux échos positifs. Souvent, ce phénomène prend des proportions pathétiques, par exemple lorsque des journalistes réalisent des *vox pop* à la sortie des cinémas et des théâtres parisiens; il faut vraiment que notre manque d'estime soit grand pour que nous en soyons à grapiller des marques d'appréciation sur les trottoirs d'outre-mer. Mais si un critique du *Monde*, du *Figaro* ou de *Libération* se montre tiède (ou féroce), alors nous préférons l'ignorer « en focusant sur le positif » et en reprenant l'éternelle rengaine des « maudits Français ». Lorsqu'une œuvre québécoise remporte un prix à l'étranger, nous en concluons qu'il s'agit forcément d'une grande œuvre, oubliant ainsi au passage : *a*) que les prix se distribuent de nos jours à la pelle (une étude publiée en 2005 par Harvard University Press révèle que le nombre de prix attribués dans le milieu du cinéma correspond au *double* du nombre de films produits !) ; *b*) que le fait de recevoir un prix ne constitue pas en soi un gage de qualité esthétique (c'est devenu un cliché de dire que l'Oscar du meilleur film est rarement décerné au film le plus intéressant sur le plan cinématographique) ; *c*) et qu'en faisant peu de cas des points *a*) et *b*), nous témoignons d'une faible connaissance des réalités du monde artistique et accordons plus d'importance à la « fierté » que nous apportent nos prétendues « réussites » qu'à leur valeur intrinsèque sur le plan artistique. On pourrait citer, entre autres exemples, l'étonnante euphorie collective suscitée il y a quelques années par le « triomphe » de la comédie musicale *Notre-Dame-de-Paris*, qui n'est en réalité, disons les choses franchement, qu'un divertissement kétaine et pompeux.

Lorsque la reconnaissance ne vient pas de l'extérieur, nous n'hésitons pas à nous l'accorder nous-mêmes. Ce fut le cas récemment avec le concert d'éloges sur la supposée année faste du cinéma québécois. Pour quiconque connaît un peu l'histoire du cinéma et les œuvres des meilleurs réalisateurs d'aujourd'hui, le constat devrait être évident que les films de cette année, qu'on peut qualifier au mieux de « corrects », ne méritent pas de faire partie de la filmographie internationale. Le plus gênant avec tous ces éloges immotivés, c'est qu'ils ne font qu'illustrer notre incompétence dans l'appréciation esthétique des œuvres, c'est-à-dire, au bout du compte, un manque de culture. On pourrait ajouter, en passant, que le meilleur de ce qui se fait au Québec passe très souvent inaperçu : c'est un phénomène regrettable, qui trouve peut-être sa source dans un ressentiment populiste et médiatique à l'endroit de la « culture d'élite ».

Cette tendance marquée que nous avons au « pétage de bretelles » constitue probablement une phase nécessaire dans le processus d'émancipation des peuples colonisés. Dans un premier temps, ceux-ci vivent dans un état d'abattement, de soumission, de repli défensif ; puis lentement ils se redressent, tâtonnent, font quelques essais, généralement par imitation des grandes métropoles ; viennent quelques petits succès, l'attitude de soumission est mise de côté, la confiance augmente, l'impression de se « libérer » enivre les esprits ; alors s'amorce l'étape du gonflement narcissique et de la fierté tapageuse. Nous en sommes à peu près là. Ce schéma simplifié ne s'applique sûrement pas à tous les peuples colonisés ou à tous les petits peuples, mais il résume à gros traits le parcours du Québec.

On peut en conclure que celui-ci n'a pas encore atteint l'âge de la « maturité culturelle ». Il y arrivera lorsqu'il fera montre d'un sens critique plus ferme, plus constant, plus répandu. Pour l'instant, notre besoin de reconnaissance nous pousse à rejeter les critiques négatives et à exagérer la portée des appréciations positives. Fait plus inquiétant, il nous amène souvent à rejeter la critique tout court, comme s'il s'agissait d'une activité stérile et dépréciative. Cela est lié, en partie, au phénomène de la marchandisation (les industries culturelles ont tout intérêt à ce que leurs produits soient entourés d'une aura de réussite), mais pas uniquement : il y a bien là un travers collectif, qui fait penser à cette assurance feinte que prennent les adolescents pour cacher leurs faiblesses et se convaincre qu'ils sont « réellement des adultes ». Cette étape n'est pas aisée à traverser, car elle repose sur une sorte de cercle vicieux : pour témoigner d'un réel esprit critique, peut-être faut-il avoir produit des œuvres capables d'y résister; mais on ne peut produire de telles œuvres sans être doté d'un fort sens critique. Ainsi s'impose la nécessité d'œuvres pionnières, dont la force agit sur nous à la manière de talismans; elles nous ouvrent la voie de l'exigence critique et créatrice, l'une et l'autre ne pouvant être dissociées. Suivant ce point de vue, la faiblesse relative des instances critiques confirme ce que nous constatons plus haut: si le Québec avait eu sa part de chefs-d'œuvre, il ne serait pas aussi timoré face à la critique et ne s'enthousiasmerait pas aussi facilement de ses « succès ».

Si on voulait être cynique, on pourrait dire que la crise de la culture en Occident fait bien l'affaire du Québec. La propagation de la culture de masse dans un contexte de marchandisation mondialisée convient merveilleusement bien à une société défavorisée sur le plan de la culture d'élite, mais qui peut se vanter d'exporter ses chanteuses populaires. (À l'inverse, les pays de grande tradition vivent avec le désenchantement d'appartenir à un monde où les références culturelles du passé semblent compter de moins en moins.) Il se pourrait, d'ailleurs, que la situation linguistique et culturelle du Québec le prédispose à la création de produits culturels « mondialisés ». On pourrait citer, au premier chef, les spectacles du Cirque du Soleil, qui portent des noms « latins » ou conçus dans une sorte d'espéranto. C'est la même stratégie qui semble avoir inspiré la fondation du cinéma Ex-Centris. *Idem* avec la troupe de danse O Vertigo ou avec le spectacle équestre *Cavalia*. Cette soudaine résurgence du « latin », qui ne reflète aucune pratique réelle, a quelque chose d'un peu étonnant: elle s'explique mieux quand on comprend l'avantage de ce *branding* passe-partout qui permet de s'adresser à tous les publics en transcendant les divisions linguistiques montréalaises et autres. Comment interpréter cette évacuation des langues française et anglaise? Répond-elle à de strictes considérations de marketing ou témoigne-t-elle d'une forme de déni identitaire? N'est-il pas significatif qu'un fleuron de la culture québécoise à l'étranger n'intitule aucun de ses spectacles en français? Qu'est-ce que cela veut dire? Rêvons-nous d'une identité mondialisée et sans attaches, purgée de ses signes distinctifs, d'une *identité qui serait paradoxalement non identitaire*? (On pourrait en dire autant des musiques *world beat* qui accompagnent ces spectacles, sorte de concoctions déterritorialisées ne reflétant aucun métissage réel.) On retrouve cette même utopie mondialisante dans les communications officielles du Festival international de Jazz, célébrant chaque année la magie de la danse et de la musique qui rassemblent les individus par-delà les mots, les races et les cultures. La « culture mondialisée » trouve un terreau très fertile dans le Québec postmoderne identitairement pauvre et divisé, bien qu'elle soit une sorte de contradiction dans les termes : la « culture », par définition, suppose un sol, une appartenance, une continuité. Or, la culture « mondialisée » semble plutôt flotter dans les nuages.

Le Cirque du Soleil ne serait pas devenu ce symbole, cette icône, cet étendard du succès culturel québécois s'il n'avait pu compter sur un autre aspect de notre « personnalité collective » ; je veux parler de l'estime sans borne que nous vouons à l'âge de l'enfance. Le cirque, est-il besoin de le rappeler, est un divertissement qui s'adressait d'ordinaire aux enfants, mais qui s'adresse apparemment à tous les âges depuis que l'adulte moderne s'est lancé à la recherche de ce que les ouvrages de psychologie populaire appellent son « enfant intérieur ». J'aimerais relater ici une petite anecdote, vécue récemment, qui me semble illustrer cette réalité. Elle se passe dans un restaurant : à la table d'à côté, un groupe d'adultes vantait avec éclat un écrivain dont ils avaient lu tous les livres et qui venait d'en publier un nouveau. Tous promettaient de s'en régaler et je trouvais la scène, ma foi, fort sympathique, lorsque je me rendis compte que l'auteur en question était celui qui avait écrit la série des Harry Potter. Ces adultes n'étaient pas de « jeunes adultes » au début de la vingtaine ; il s'agissait de « personnes mûres » dans la quarantaine ou la cinquantaine ; et ces personnes ne parlaient pas du dernier prix Nobel de littérature ; elles s'enthousiasmaient de la parution du dernier Harry Potter. Incrédule, je me dis qu'il devait s'agir d'un groupe d'animateurs et d'animatrices de garderie; puis je songeai que cela n'excusait rien et qu'il était même très inquiétant que nos enfants puissent être élevés par des adultes infantilisés. On prendra cette anecdote pour ce qu'elle vaut, mais elle me semble bien refléter un certain état d'esprit propre à la patrie de Caillou, de Passe-Partout, d'Annie Brocoli et de *Watatatow*. La littérature jeunesse, chez nous, est reine et notre littérature « sérieuse » ressemble souvent à s'y méprendre à de la littérature pour ados.

Je ne voudrais pas qu'on se méprenne sur le sens de ces propos, qui n'ont d'ailleurs pas grand-chose d'original : tous ces éléments ont déjà été relevés par d'autres que moi; on pourrait presque les qualifier d'évidences. Le but de ce rappel est d'ajuster la vision que le Québec a de lui-même avec ce qu'il est réellement, en tenant compte du fait que l'autocomplaisance est peut-être l'un de ses principaux travers. Le contexte façonne évidemment la nature de mon propos : si le misérabilisme était l'état d'esprit dominant, il serait plus indiqué de réveiller les ardeurs, de fouetter les énergies, de tenir des paroles encourageantes. Or, si l'on souhaite améliorer la situation actuelle du Québec, il me semble qu'il convient surtout de rehausser le niveau des exigences et de renforcer le sens critique. Les appels à la créativité tous azimuts n'ont plus lieu d'être. Les Québécois se sont prouvés durant les dernières décennies qu'ils étaient capables de « créer »; ils doivent maintenant passer à l'étape suivante qui consiste à produire des œuvres dignes de ce nom, c'est-à-dire dignes de figurer dans le canon de l'art occidental (et ce n'est pas en « contestant le canon », comme s'y emploient les *cultural studies* à l'américaine, que nous y parviendrons).

En dépit des éléments négatifs que je viens de relever, il m'apparaît toutefois qu'il n'y a pas lieu de dramatiser. La situation du Québec est parfois déprimante, parfois agaçante, mais on ne peut la qualifier d'étouffante ou d'inhibante pour ses créateurs. Le fait de provenir d'une petite nation leur complique sans doute la tâche de réussir à l'étranger, mais d'un autre côté, ils n'ont pas à pâtir du poids écrasant d'illustres prédécesseurs, comme on dit que c'est le cas de la France « qui ne s'est pas encore remise de Proust ». Bref, les « travers » québécois ne me semblent pas constituer de véritables « facteurs de crise ». S'il y a crise, celle-ci trouve plutôt son origine dans le contexte occidental sinon mondial. La crise « métaphysique » dont je faisais état plus haut n'est pas une affaire proprement québécoise ; elle touche tout le monde moderne. Il est bon que nous soyons conscients de l'ampleur de ces dynamiques générales que nous avons parfois tendance à ignorer ou à négliger à cause de notre isolement relatif. C'est pourquoi la perspective comparatiste est l'une des plus pertinentes dans les études qui portent sur le Québec : trop souvent, nous avons le réflexe de considérer comme « québécois » des phénomènes qui touchent l'ensemble des pays d'Occident. C'est l'un des effets positifs de la mondialisation, qui devrait nous permettre de mieux comprendre la source et la nature des influences que nous subissons à notre insu. L'avènement d'un monde « multipolaire » pourrait, de même, aider l'Occident à retrouver ses propres racines : lorsqu'on se retrouve dans la position du maître absolu, on finit peut-être par ne plus savoir qui l'on est.

Conclusion

Mon intuition de départ tient-elle la route ? Ayant écrit ce qui précède, se pourrait-il que je me mette à regarder les choses d'une autre manière, en accordant plus d'importance à tel ou tel élément que j'aurais négligé, et que j'en vienne ainsi à réviser mon diagnostic ? Il arrive parfois qu'après avoir exprimé un agacement face à certaine situation, cet agacement disparaisse, comme si le simple fait d'en avoir parlé nous en avait libéré ; on passe alors « à autre chose », on se tourne vers d'autres questions dont on ne s'était pas soucié jusque-là; et le sujet qui nous paraissait à l'origine si préoccupant nous semble devenir presque secondaire : on ne comprend plus pourquoi on s'en faisait tant « avec ça ». Nous retrouvons ici le thème de la conscience paradoxale, plus exactement ce que j'appellerais le côté protecteur de l'ennui. Par simple désir de nouveauté, notre pensée peut se détourner de problèmes qui ne l'intéressent plus parce qu'elle s'est déjà attardée sur eux. Évidemment, il ne suffit pas d'évoquer le caractère critique d'une situation pour que celle-ci le perde aussitôt. La réalité a ses droits. Toutefois, les choses sont un peu moins claires dans le cas d'une crise qui découle d'une interprétation de la réalité : nous avons affaire moins à des faits objectifs qu'à des perceptions et, comme chacun le sait, rien n'est plus changeant que des perceptions.

Si je devais répondre de nouveau à ce sondage, je ne dirais sans doute pas les mêmes choses; mais, quoi qu'il me viendrait à l'esprit de dire, je crois que je ne pourrais m'empêcher de signaler « ce qui ne va pas ». J'ai un peu de mal à m'imaginer cédant à quelque accès de jovialisme, célébrant à pleines pages la merveilleuse beauté de notre temps et de l'humain. On en conclura peut-être que je souffre de mélancolie, ce contre quoi je ne verrais pas la nécessité de me défendre, n'était du fait que cette disposition me semble liée non tant à ma personne qu'à la nature même de la pensée, dans la mesure où nous lui assignons la tâche d'être « critique », c'est-à-dire de mesurer l'écart entre l'idéal et la réalité. Je tiens pour acquis que cet écart existe toujours, ce que nul ne contestera, j'espère (à moins de concevoir un idéal tellement terre-à-terre qu'il n'aurait plus grand-chose à voir avec cette notion). Suivant ce point de vue, l'exercice de la pensée ne serait pas étranger à l'expérience de la désillusion; pour qu'il n'en soit pas ainsi, il faudrait imaginer une forme de pensée privée de tout désir, de toute volonté, une pensée qui ne serait pas tendue vers l'idéal; ce serait une pensée morte, dépourvue de sens (telle qu'elle se pratique parfois à l'Université). Pour qu'il y ait « pensée critique », celle-ci doit être nourrie d'un côté par l'idéal, de l'autre par la décevante réalité. Autrement dit, « crise » et « pensée » pourraient bien être deux termes concomitants. Si tout va pour le mieux dans le meilleur des mondes, il n'y a plus lieu de réfléchir ; il suffit de jouir. C'est ici qu'il faut parfois se méfier des intellectuels, qui forment une espèce particulière d'individus : ces derniers, en effet, *aiment penser*, ce qui les conduit souvent à voir des manifestations de crise là même où il n'y en a pas. Les intellectuels se plaisent tellement à réfléchir qu'ils seraient capables, juste pour cela, de refuser le paradis.

Bien sûr, je plaisante : le jour n'est pas venu où l'humanité n'aura plus besoin de réfléchir, bien que notre époque s'active beaucoup pour précipiter ce moment. Mais à tout prendre, je crois qu'il est préférable d'être plus critique que pas assez, et plus particulièrement de nos jours où les valeurs de tolérance et de liberté semblent avoir dégénéré en laisser-faire, en laxisme, en indifférence. Peut-on vraiment aujourd'hui être « trop critique » ? J'ai un peu de peine à le croire. De quelque côté que l'on regarde, partout le niveau des exigences semble à la baisse, je veux dire sur le plan de l'esprit car, pour le reste, on observe bien une forte pression sociale en faveur de la « performance » et de la « réussite ». Mais « performance » et « réussite » ont peu à voir avec une vie intérieure riche et pleine.

Depuis quelque temps, des voix s'élèvent pour dénoncer ce qu'elles perçoivent au contraire comme une présence excessive de la pensée critique, du doute, de la méfiance, du cynisme, de l'impiété. La solution consisterait pour elles à retrouver foi en l'humain. Le problème avec cette façon de voir, me semble-t-il, c'est qu'elle conforte l'humanité moderne dans son narcissisme. Il s'agirait donc, ici, d'un désaccord sur les moyens, si l'on suppose que le but commun est l'accomplissement d'une vie intérieure riche et pleine. Personnellement, il me semble que cet objectif doit passer par la reconquête de l'humilité, du renoncement, de la courtoisie, de toutes ces qualités *culturelles* qui faisaient jadis « l'honnête homme ». Le plus sûr chemin pour y arriver n'est pas selon moi de croire davantage en l'humain — notre époque ne fait que cela « croire en l'humain », au point que celui-ci est devenu une espèce détestable et saccageuse —, mais de le « remettre à sa place », de dégonfler son ego monstrueux, notamment par le biais de l'ironie, qui peut même être méchante si cela la rend plus efficace. En ce sens, je ne vois pas comment des odes à la « divinité de l'humain » pourraient nous permettre d'atteindre cet objectif.

Ayant dit cela, je n'éprouve pas, en définitive, le sentiment que nous sommes au seuil d'une catastrophe inévitable. Nul n'échappe tout à fait au bien-être occidental… Calmons les maux du corps et les maux de l'esprit disparaîtront : telle est, pour nous, la recette du bonheur. Le plus inquiétant, c'est que celle-ci est redoutablement persuasive.

CHAPITRE III

Crise de la culture ou transition ?

Pour une nouvelle alliance du discours et de l'action
Gérard Bouchard

Si l'on s'en remet à un courant d'opinion qui semble avoir gagné depuis quelques années une grande partie du monde académique et auquel les médias font largement écho, l'Occident traverserait présentement une crise culturelle profonde, peut-être sans précédent — sinon sans remède à court terme. C'est là un diagnostic très répandu dont les fondements sont cependant assez peu discutés. J'aimerais, pour cette raison précisément, y jeter un regard critique.

Mais il me faut d'abord prendre une double précaution. Je préviens d'entrée de jeu qu'étant donné l'ampleur du sujet, d'importants aspects ne seront qu'effleurés et bien des interrogations laissées en suspens. Le lecteur ne trouvera donc ici que l'esquisse d'une argumentation. Par ailleurs, même si l'exercice concerne d'abord le Québec, ce serait bien mal procéder que de restreindre l'aire de réflexion au Québec lui-même. De toute évidence, il convient d'étendre la perspective à l'ensemble de la conjoncture occidentale (et même mondiale) dont notre société est partie prenante. C'est une erreur que plusieurs d'entre nous avons commise dans l'analyse de la Révolution tranquille, dont nous avons trop recherché l'origine, les ressorts et les effets en la repliant sur elle-même, en l'enfermant trop souvent dans une singularité largement illusoire. Je m'efforcerai donc d'éviter ce biais.

Problèmes de définition

À titre de préalable encore, il me faut répondre à deux questions. D'abord, que devons-nous entendre par cette notion de crise? En deuxième lieu, qu'est-ce donc qui serait en crise? Est-ce l'ensemble de la culture? ou une partie seulement? Et dans ce dernier cas, laquelle? sous quel rapport? jusqu'à quel point?

Je commence par la seconde question. Ce que j'entendrai ici par culture, c'est un ensemble de représentations largement partagées qui constituent les fondements symboliques d'une collectivité. Les fonctions de ces représentations, dans toute société, sont de:

1. Mettre en place et perpétuer des valeurs, des idéaux, des références communes;
2. Nourrir une capacité de prise de conscience, d'action, de mobilisation collective en vue d'un changement ou d'une résistance à un changement;
3. Maintenir des institutions robustes, efficaces, qui recueillent une large adhésion;
4. Susciter des identités dynamiques, animées de motivations, capables à la fois d'engagement et de refus, d'initiatives individuelles et de solidarité.

Valeurs, idéaux, identités, motivations: nous sommes bien ici dans le domaine de ce que j'appelle les imaginaires collectifs. J'entends par là l'ensemble des représentations qui, dans toute société, fournissent une définition de Soi et de l'Autre, proposent une vision du passé, une mémoire, de même qu'une vision de l'avenir (notamment par le biais d'utopies) et, finalement, opèrent une appropriation de l'espace qui se trouve ainsi transformé en un territoire, c'est-à-dire un espace parcouru, nommé, raconté. Il s'agit, en d'autres mots, d'un ensemble de repères qui permettent aux individus et aux collectivités de se situer par rapport aux autres, de s'inscrire dans le temps et dans l'espace et de se gouverner. Il va de soi, par ailleurs, qu'une même société peut être le lieu de quelques imaginaires qui se déploient en complémentarité ou en compétition et peut-être même en contradiction.

Au cours des années, j'en suis venu à élaborer une démarche d'analyse des imaginaires collectifs qui met l'accent sur les systèmes de pensée en tant que résultant d'une articulation entre la raison et le mythe[1]. L'idée centrale veut que tous les systèmes de pensée (scientifiques, idéologiques ou autres), toutes les tentatives pour rendre compte du réel se heurtent à des contradictions que la raison s'emploie à surmonter. À cette fin, elles mettent en œuvre un éventail de stratégies discursives qui font toutes appel au mythe comme mécanisme (tantôt médiateur, tantôt compensateur) permettant de résoudre ou d'accommoder de quelque façon le contradictoire[2].

Il peut arriver que ce mécanisme fonctionne pendant un certain temps, mais il peut aussi s'enrayer. Un exemple de mythe efficace qui est parvenu jusqu'ici à surmonter une énorme contradiction nous est fourni par la vision de la mobilité sociale aux États-Unis, nourrie par le mythe de l'*American dream*. La nature de la contradiction, c'est que la culture de ce pays est fondée sur un idéal d'égalité (inscrit dans la Constitution), alors même que cette société, en réalité, est l'une des plus inégales qui soient. Le mythe de la mobilité sociale permet justement de surmonter cette contradiction en accréditant la croyance que chaque citoyen est responsable de sa position ou de son destin social, que tout individu suffisamment motivé a la possibilité de changer son sort et de s'élever dans l'échelle sociale, dans la mesure (et dans la limite) de ses talents et de ses efforts. La structure sociale reflète donc simplement, à tout moment, l'inégalité d'individus plus ou moins

talentueux, et surtout plus ou moins résolus *(achievement-orien-*
ted). Autrement dit, pour l'individu libre et responsable, rien n'est
jamais joué, tout dépend de lui, et ce serait une erreur (ou céder à
un mécanisme de rationalisation) que d'accuser la société de ses
propres maux.

C'est là une représentation extrêmement puissante[3] qui, à la
fois, *a)* incite à accepter, à absoudre cette société très inégale et, en
même temps, *b)* pousse à la changer, à la dynamiser, étant bien
entendu que les individus eux-mêmes et non la structure sociale
demeurent pleinement maîtres du jeu. La tâche principale qui
incombe à la société est de mettre en place des chances égales au
départ, ce qu'assure en principe le régime du capitalisme libéral.
L'histoire des États-Unis au cours des deux derniers siècles a
démontré l'efficacité de ce mythe national[4].

À titre de contre-exemple, on trouve dans l'histoire culturelle
du Québec entre 1850 et 1960 plusieurs cas de mythes inefficaces,
comme j'ai pu le montrer en analysant le discours de la colonisation et l'univers intellectuel d'un groupe de penseurs canadiens-
français (Buies, Nevers, Groulx, Harvey, Montpetit). Ici, un assem-
blage hétéroclite de mythes qui se neutralisaient eux-mêmes s'est
avéré impuissant à mobiliser la population et à soutenir d'auda-
cieux programmes de changement (de « redressement national »)
qui ont échoué entre la seconde moitié du XIXe siècle et le milieu du
siècle suivant.

À la lumière des diverses stratégies déployées par la raison et
de l'efficacité variable des mythes mobilisés, j'ai pu construire une
typologie des systèmes de pensée. Sans entrer dans le détail de
cette démarche, disons simplement qu'elle repose sur les diverses
façons dont la raison peut se comporter face à la contradiction,
lesquelles peuvent donner lieu à quatre scénarios. La raison peut
entreprendre de la supprimer carrément (I) en établissant une
hiérarchie au sein des deux énoncés incompatibles ou bien (II) en
les reformulant. Elle peut aussi, en mettant en œuvre diverses stratégies, essayer de s'accommoder du contradictoire (III). Enfin,

selon un dernier scénario (IV), la raison renonce tout simplement à surmonter le contradictoire. L'ensemble donne donc quatre grandes structures de pensée au sein desquelles peuvent être identifiés divers types ou sous-types. C'est par rapport à ce cadre que je définis ce que serait une crise de la culture. Mais avant d'y arriver, donnons-nous quelques repères en essayant d'imaginer les caractéristiques d'une société dont la culture ne serait pas en crise.

En accord avec les valeurs occidentales qui serviront ici de référence, on attendrait d'une telle société qu'elle soit en mesure d'offrir à ses membres un certain nombre de conditions et d'avantages comme la liberté, l'éducation, les soins de santé, l'accès à l'emploi, le droit de participer à la vie publique, la non-violence, la non-discrimination, et le reste. Mais pour qu'une société puisse produire ce genre de biens, certaines conditions doivent être remplies. Par exemple : démontrer une capacité de se concerter, de se donner des objectifs et de les poursuivre, de s'adapter, de réagir d'une manière créative aux changements, de savoir surmonter les conflits, les traumatismes, de se donner quelques idéaux communs, d'exploiter utilement les conjonctures, les possibilités de développement, de croissance. Autrement dit, il faut qu'un système social, notamment par le biais de ses institutions et de ses fondements culturels, fasse preuve d'un minimum de coordination et de dynamisme — disons : d'efficacité collective.

Ces conditions dépendent d'un jeu compliqué d'interactions entre de nombreuses variables ou facteurs (ressources matérielles, données démographiques, rapports sociaux, structure de pouvoir, système de valeurs et bien d'autres). Personnellement, j'en suis venu à penser que, parmi ces variables et facteurs, la culture, et plus précisément les imaginaires collectifs, viennent parmi les premiers.

Deux propositions se dégagent de ce qui précède. Premièrement, il me paraît difficile de concevoir qu'une culture soit en crise sans que le social le soit également (institutions en déroute, apathie, déviance généralisée, conflits en cascade, et le reste). Deuxièmement, je dirais qu'il y a crise culturelle lorsque apparaît dans l'imaginaire collectif une dysfonction majeure, une inadéquation générale telle que l'alliance fondatrice entre la raison et le mythe, celle qui soutient les fondements symboliques d'une société, devient inopérante sans qu'on voie le moyen de la refaire. En corollaire, on soupçonne qu'une situation de ce genre doit être vécue comme un état de doute et d'insécurité, d'inhibition et d'impuissance, fertile en désordre, le tout provenant du fait que le système culturel se défaisant, la société a perdu ses repères et ne sait plus se gouverner. Les citoyens ont alors le sentiment de subir les changements, sans pouvoir de réaction, sans capacité d'arbitrage. Fondamentalement, j'identifie donc la crise culturelle à l'état d'une société dont les mythes, devenus inopérants, tombent à plat — ainsi qu'à la stagnation, aux tensions et pathologies qui en découlent à court ou à moyen terme. J'ajoute que cet état de crise peut être larvé, mais il peut aussi se révéler brutalement à l'occasion d'un traumatisme qui met soudainement au jour la précarité des fondements symboliques et sociaux.

Le diagnostic de crise culturelle

De nombreuses références peuvent être invoquées pour nourrir l'idée que telle est la situation que nous vivons aujourd'hui, donc pour corroborer le diagnostic de crise au Québec tout comme dans l'ensemble de l'Occident. En fait, les témoignages sont ici tellement nombreux et variés qu'il faudrait tout un essai pour en rendre compte. Je vais devoir m'en tenir à ceux qui sont le plus souvent mis de l'avant, en ciblant les auteurs les plus connus, ceux qui font autorité. L'exposé sera d'autant plus bref que les énoncés recoupent en très grande partie ceux qu'a livrés l'analyse des réponses à notre questionnaire (voir *supra*, chap. I).

Au premier rang figurent les formules à l'emporte-pièce décrétant ici une crise générale des sociétés et des civilisations[5], là

rien de moins que la défaite de la pensée, l'agonie de la culture
(A. Finkielkraut, 1985), la décadence de l'Occident (R. Millet,
2005), l'Apocalypse latente (C. Fuentes, 2005), ou la fin d'un système mondial en voie d'être remplacé par un autre dont nous ne
savons rien, sinon très peu de choses (I. Wallerstein, 2000). Dans
les deux cas, cette situation est présentée comme étant associée à
de grands désordres, voire à une déchéance. Il y a, ensuite, la fin
de ce qu'on a appelé les métarécits, ces grandes idéologies et utopies qui ont soutenu l'évolution des sociétés occidentales depuis
le XVIIIe siècle (l'apologie de la raison, du progrès, de la science, le
rêve d'une société libre, juste, égalitaire). Ce genre de discours se
heurterait, notamment, à un problème de légitimation. On reconnaît ici la thèse popularisée par J.-F. Lyotard (1979) et dont bien
d'autres auteurs ont proposé des versions analogues[6]. Les horreurs
du XXe siècle auraient consacré l'échec des grands rêves des XVIIIe
et XIXe siècles, porteurs des plus belles espérances, et même le
déclin de la pensée utopique. Les communautés politiques ne
trouveraient plus désormais le carburant symbolique qui leur est
nécessaire et, privées d'un fondement moral, elles seraient elles
aussi en crise (J.-J. Wunenburger, 2002). Un climat de désenchantement s'est installé, dont le sociologue Max Weber avait prédit
l'échéance : après le règne du pouvoir traditionnel et du pouvoir
charismatique, l'économie industrielle allait répandre partout la
rationalité bureaucratique et, avec elle, l'uniformité, l'utilitarisme,
la fin du rêve (la fameuse *iron cage*)[7].

Dans la même veine du désenchantement, il faut également
mentionner des auteurs comme C. Castoriadis (1975) et D. Bell
(1976) pour qui le capitalisme est devenu un système déréglé,
délesté de la culture (humaniste, créative, critique) qui le mainte-
nait en équilibre en endiguant ses forces déshumanisantes. Dans
la même veine, D. Steigerwald (2005) soutient que le capitalisme a
détruit les bases matérielles de la « vraie » culture, si bien que nous
serions maintenant entrés dans « l'âge de l'anticulture ». Les essais
de G. Lipovetsky (1983), de M. Gauchet (1985) et de L. Olivier

(2004) ont repris cette thématique que R. Guénon (1946, 1973), É. Fromm (1955[8]) et d'autres (comme T. W. Adorno, *Philosophical Fragments*, 1944) avaient également abordée quelques décennies auparavant. On notera par ailleurs que les romanciers et dramaturges, bien avant la plupart des sociologues, avaient exprimé le sentiment de déchéance et de désespoir qu'inspirait une modernité épuisée ou subvertie (pensons aux Céline, Cioran, Joyce, Beckett, T. S. Eliot, Lovecraft et autres[9]).

Selon de très nombreux intellectuels, le religieux et le transcendant, et même le sens de l'absolu, ont été emportés dans la même mouvance. M. Weber, par exemple, était convaincu que toutes les Églises, y compris celles d'Orient, déclineraient inexorablement[10]. Et A. Malraux (2004) voyait l'absolu disparaître carrément du monde occidental. Dans la même veine, c'est aussi E. Voegelin (2004) constatant la rupture opérée par les sociétés contemporaines avec l'ordre ancien du transcendant, fondé sur la religion ou la philosophie[11]. Le vide symbolique se doublerait d'une crise de la pensée aussi bien dans les sciences humaines qu'en philosophie. Ici, les diagnostics vont de M. Bunge (2004) et T. Hentsch (2002, p. 12, 15, *passim*), pour qui l'Occident ne s'est pas remis de la mort de Dieu et de la transcendance, à G. Lipovetsky et S. Charles (2004) qui voient nos cultures engagées dans un engrenage de l'extrême, la force de la philosophie étant épuisée. On pense aussi, évidemment, à M. Henry (1987) qui a vigoureusement pourfendu la science totalitaire dissociée de la culture[12].

Quant à la crise du sens dans les sciences humaines, elle a été constatée pour l'histoire[13], pour la métaphysique et la philosophie de l'histoire (J.-F. Lyotard, 1979), pour la théorie sociologique générale (J. H. Turner, D. E. Boyns, 2001; G. Bouchard, 2005) et pour l'ensemble des sciences sociales (B. Baczko, 1984). Plusieurs sont tentés de voir dans ces impasses l'échec de la sécularisation, l'impuissance à reconstruire dans l'horizon fermé de la laïcité une éthique de l'engagement, du dépassement et de l'altruisme. Enfin, et sans surprise, selon de nombreux observateurs, l'institution universitaire (tout comme l'ensemble du système scolaire) traverserait, elle aussi, une crise profonde.

Fait pendant à ce qui précède le vif sentiment du vide, d'une perte de sens, d'une absence de repères et d'horizons, d'une fuite des valeurs et des idéaux. Plusieurs auteurs mentionnés précédemment pourraient à nouveau être cités à témoin. Ajoutons-y les noms de G. Lukacs (la « réification » opérée par le marché débridé), P. Sloterdijk (le « déshéritage intégral »), H. Broch (1932 : la dégradation des valeurs, la fin de la cosmogonie, la fragmentation de l'imaginaire), R. Girard (1978 : la crise du sens, un monde en perdition), A. Jeannière (1987 : le « vide spirituel », la dégradation des idéologies), G. Mendel (2004 : le déclin d'une hégémonie masculine et patriarcale), P. Ganarolo (1986 : le désert comme horizon, le rejet des héritages), J.-C. Guillebaud (1995 : l'illusion des Lumières, le désarroi ; 2005 : le retour des fanatismes), J.-M. Benoist (1993 : la perversion de la philosophie et de la politique, la tyrannie des sophistes, de la bonne conscience pragmatique), J.-J. Wunenburger (2002 : la déréliction du politique associée aux illusions de l'idée contractuelle, aux excès de la loi impersonnelle héritée des Lumières), A. Glucksmann (2002 : l'emprise grandissante du nihilisme qui serait le grand défi du XXIe siècle), R. Millet (la décadence, la médiocrité, le totalitarisme mou[14]), A. Memmi (2004 : l'échec de la décolonisation qui avait fait espérer une ère nouvelle), etc. Cette situation serait attribuable en grande partie à des institutions de transmission elles-mêmes en crise, en l'occurrence la famille, l'école, l'Église. Parmi les corollaires ou les phénomènes concomitants, mentionnons encore l'érosion des traditions et le déracinement qui font écho au déclin de l'humanisme occidental.

La crise de l'universel a été largement commentée, elle aussi. Selon Isaiah Berlin, la distance et l'incompatibilité entre les systèmes de croyances et les cultures contemporaines sont telles qu'elles vouent à l'échec toute recherche d'une théorie universelle[15]. Divers auteurs ont même souligné l'incapacité où nous en sommes venus à définir l'humain[16]. Il en résulterait, parmi bien d'autres conséquences, une absence de compassion envers les peuples affligés par des catastrophes. Selon J. Duvignaud (1965), notre époque aurait bel et bien atteint le « degré zéro de l'humanité », comme en témoigne la situation de l'aide aux pays pauvres, qui traverserait actuellement une crise très grave, comme le soutient D. Rieff (2002). Cette nouvelle « inhumanité » se traduirait aussi dans l'inaction de l'Occident face aux génocides du Rwanda et du Darfour, comme on l'a déjà vu en Ouganda. Enfin, tous ces maux seraient aggravés par une crise des identités nationales (incluant le brouillage de la mémoire), déstabilisées par la diversité ethnique et le refus, chez la majorité des minorités et des immigrants, de s'assimiler à la culture dominante. On sait que c'est là un problème qui affecte presque tous les États nations d'Occident actuellement[17].

Dans tous ces points de vue et témoignages, chacun est tenté de voir le déclin des grands postulats qui ont nourri la culture occidentale depuis plus de deux millénaires et lui ont donné l'assurance de sa supériorité : un imaginaire de la fin qui about le mal et la faute et promet l'éternité ; le sentiment de l'homme libre, acteur, maître et responsable de son destin, capable en tout temps de changer le cours de l'évolution ; le mouvement linéaire de l'histoire, la conviction qu'elle suit une direction, qu'elle est en tout temps commandée par une Idée, par une finalité sanctionnée par un principe transcendant ; la primauté de la raison, la supériorité de l'esprit sur la matière, de l'âme (quoi qu'on veuille entendre par là) sur le corps, de l'humain sur l'animal ; la vision et la construction du passé comme succession d'équilibres, les continuités succédant aux ruptures ; la possibilité d'accéder à des principes, des vérités, des normes universelles ; le prestige de l'ancienneté et de l'antériorité en tant que fondements d'une autorité, d'une préséance aussi bien dans le droit que dans la tradition ; l'existence d'une cohésion, d'une symétrie qui garantit le succès de toute entreprise de connaissance scientifique. En lieu et place de ces grands repères se serait installée, sur fond de cynisme, une culture de l'immédiat qui consacre l'utilitarisme, le chacun pour soi, la loi du plus fort, le relativisme, l'arbitraire, la vie sans lendemain.

Autres thèmes familiers : la désaffection des grands classiques, la culture ludique, infantilisée, l'appauvrissement des « productions culturelles », l'homogénéisation associée à la nouvelle culture de masse et à la mondialisation, le dépérissement de l'écrit, la fin de la littérature, la déritualisation de la vie sociale, le divorce au sein de la culture entre soi et le monde (H. Arendt, 1961 ; F. Dumont, 1968 ; et autres), l'effervescence de l'imaginaire apocalyptique, notamment aux États-Unis (R. Guénon, 1946 ; A.-É. Cliche, B. Gervais, 2001), l'individualisme narcissique (C. Lasch, 1978 ; R. Sennett, 1979), la désintégration du lien social comme soutien de la vie symbolique[18], ou carrément la fin du social (J. Baudrillard, 1982). À tout cela s'ajoutent de grandes peurs liées à l'explosion de la population mondiale, aux développements anarchiques de la génétique[19], à la course aux armements nucléaires, aux pressions sur l'environnement, et le reste.

Des données contradictoires

Toutes ces données (on pourrait en ajouter bien d'autres) semblent confirmer l'existence d'une crise généralisée. Mais à l'inverse, un autre regard porté sur notre monde livre pourtant une vision moins pessimiste. Par exemple :

— Les cinquante dernières années ont été témoin d'importantes avancées du côté de la démocratie dans des pays qui, jusqu'ici, s'y étaient montrés extrêmement réfractaires ; le nombre d'États officiellement identifiés à ce régime a doublé au cours des vingt-cinq dernières années (S. Soroka *et alii*, 2005).

— Nous avons vu le déclin de l'européocentrisme et la fin des formes les plus brutales d'impérialisme et de despotisme.

— C'est au XXe siècle qu'ont été mises en place toutes les politiques sociales (connues sous le nom d'État providence ou de *Welfare State*), et à l'encontre d'une opinion courante décrétant la fin de l'État providence, on constate tout de même que les budgets consacrés à ces politiques dans les pays de l'OCDE (Organisation de coopération et de développement économique) ont augmenté substantiellement depuis trente ans[20]. Divers pays (européens principalement) ont fait la preuve qu'on peut encore concilier croissance économique et programmes sociaux.

— Nous avons également assisté à une expansion spectaculaire de l'alphabétisation et de l'instruction (dans le dernier quart du XXe siècle, le taux d'alphabétisation des adultes est passé de 46 % à 73 %), ainsi qu'à un redressement non moins radical des indices de santé (reflété notamment dans la baisse de la mortalité infantile et la hausse générale de l'espérance de vie).

— Je mentionne aussi : une nette amélioration de la condition féminine, l'abolition de la peine de mort dans plusieurs pays, une meilleure protection des minorités (qu'il s'agisse des personnes handicapées, des groupes religieux, des homosexuels, des Autochtones, des dissidents…).

— J'attire enfin l'attention sur l'esprit de pluralisme qui s'est installé un peu partout, sur le respect et la promotion de la diversité (par rapport au passé proche ou lointain, on peut parler ici d'une révolution copernicienne), la protection des droits civiques, la culture des chartes, le recul sinon la fin des censures[21].

Ces remarques invitent à relativiser le discours de la crise. Il ne s'agit pas de sombrer platement dans le jovialisme, mais simplement d'adopter un point de vue plus critique sur une vision peut-être réductrice, de rechercher un diagnostic plus nuancé qui s'accorde davantage avec la réalité. Or, cette réalité apparaît très complexe et il est certes imprudent de vouloir l'inscrire à une seule enseigne. Le plus difficile, cependant, est de prendre le recul qui permettrait de faire affleurer des lignes de force dans le fourmillement actuel, de mieux ancrer ce qui s'en vient dans ce qui s'en va.

Et cette difficulté tient précisément à une propriété des temps présents qui donnent à voir une dynamique de changement assez déroutante dont on trouve peu d'exemples dans le passé (j'y reviendrai).

Une préoccupation critique conduit non seulement à faire valoir d'autres faits mais aussi à remettre en question certains énoncés généralement admis. Par exemple, il semble bien qu'on ait décrété trop hâtivement la fin des grands récits (d'autres ont parlé de la fin des utopies, du crépuscule des mythes, etc.). En réalité, ils ont été remplacés. On observe en effet de tous côtés l'émergence ou la survie de mythes très puissants. À l'échelle internationale, l'idéal écologique renouvelé depuis quelques décennies garde tout son attrait, tout comme le progrès scientifique, le libéralisme, le marché capitaliste ou les droits de la personne. Plus récemment ont aussi émergé des mythes extrêmement mobilisateurs comme le cyberspace, la bioscience, la biodiversité, le développement durable, l'économie sociale, l'éthique publique, la citoyenneté, la nation civique, le pluralisme, le transculturalisme, la mondialisation, l'altermondialisation, le cosmopolitisme[22], le néo-individualisme (l'individu « auto-réalisé »), la posthumanité — à quoi je serais tenté d'ajouter le discours postmoderne lui-même dans sa version déconstructiviste radicale. Subsistent par ailleurs les vieux idéaux de justice, de paix, d'égalité, de liberté et de démocratie qui semblent plus vivants que jamais. Plusieurs observateurs ont pu soutenir que les utopies microsociales, à caractère communautaire, étaient très vigoureuses elles aussi, que l'Occident lui-même venait d'entrer « dans une zone d'intenses remythologisations » (G. Durand, 1996, p. 41, dans un chapitre qui s'intitule « Le retour du mythe »)[23].

De même, les grands postulats de la culture occidentale, ébranlés certes, survivent néanmoins sous de nouveaux habits qui ne sont plus ceux du christianisme. L'idéal de l'homme acteur, libre et maître de son destin, a resurgi au moins en partie à travers le néo-individualisme avec ses prétentions à l'autonomie, à l'auto-engendrement, en opposition aux instances qu'on voudrait lui imposer (incluant toute forme de fatalité), le destin de chacun se construisant au gré de ses choix. On voit que cette position contient au moins implicitement l'idée de responsabilité, du fait que cet individu éclairé, affranchi, se veut disposé à assumer les conséquences de ses décisions. L'échec du nouveau roman des années 1960 de même que le reflux des structuralismes et des fonctionnalismes sont, de ce point de vue, très significatifs — ne parle-t-on pas maintenant d'une renaissance du sujet? Je note aussi que, depuis une vingtaine d'années, le discours des sciences sociales et historiques met fortement à l'honneur la notion d'*agency* (au point d'en faire une norme quasi hégémonique), de l'individu-acteur, qu'il oppose aux figures de passivité, d'impuissance, de victime. La même orientation est au cœur des études féministes et des *Native studies*. On pourrait objecter ici, avec quelque raison, que ce sont là des formes passablement dégradées de la conception humaniste traditionnelle qui ajoutait à tout cela l'idéal de l'altruisme et d'une finalité sanctionnée par une transcendance. Encore une fois, je rappelle que le sens de mon commentaire est d'introduire des nuances et non pas de nier catégoriquement.

Il semble bien aussi qu'on ait décrété trop vite la fin ou même la marginalisation du religieux. De nombreuses critiques ont été formulées depuis quelques années à l'encontre du modèle théorique et historique de la sécularisation (entre autres : W. C. Roof, 1993, 1999; W. C. Roof, W. McKinney, 1987; R. Finke, R. Stark, 2000). Toute une veine d'études empiriques soutient maintenant que, par des voies différentes, le religieux a conservé une forte emprise partout au monde (par exemple : P. L. Berger, 1999)[24]. Il s'ensuit que la laïcité ne semble pas soudée à la modernité de la façon que l'on croyait généralement (pensons aux États-Unis, société moderne, s'il en est, et cependant profondément religieuse). Sur ce point, Max Weber se serait tout simplement trompé et bien d'autres à sa suite.

Dans le même esprit, je soulignerai que la philosophie de l'histoire, en tant que réflexion sur les directions du devenir, paraît loin d'être morte. Selon M. Lagueux (2001), par exemple, une conception linéaire du mouvement historique transpire dans la recherche du sens de l'histoire tout comme dans les concepts de développement, de progrès, d'avenir à construire (on pourrait y ajouter les notions de projet de société, de vocation, de rôle, de devoir ou de mission de la nation). Du côté des valeurs et du vide qu'on y déplore, les données sont loin de concorder. Chez les jeunes, notamment, de grandes enquêtes européennes assorties de comparaisons internationales montrent d'importants glissements en cours, mais certainement pas de dérive vers le chaos ou l'anarchie. Le nouveau modèle qui paraît se mettre en place privilégie la liberté et l'indépendance, la qualité éthique et écologique, la responsabilité citoyenne, l'équité et la justice sociale, le communautarisme (G. Bajoit, 2005).

Ce que tous ces rappels font entrevoir, c'est un changement dans le mode d'adhésion aux normes collectives et aux institutions. La reproduction par inertie de même que la transmission passive ou imposée des formes et des contenus sociaux ou culturels sont en régression au profit d'une adhésion, d'une prise en charge, d'un endossement dont les mots-clés sont : conscience, choix, liberté. On peut l'observer dans tous les domaines de la vie collective ou individuelle. Ainsi, plusieurs observateurs ont constaté la déritualisation de la vie sociale. Un exemple intéressant est celui des très vieux rituels démographiques qui étaient associés à la naissance, au mariage et au décès. Des travaux comparés effectués au Québec et en France ont montré leur déclin progressif depuis un demi-siècle. Mais en parallèle, ils ont aussi mis au jour une dynamique de reconstruction rituelle par les acteurs eux-mêmes[25]. Je serais tenté de voir dans cet exemple une sorte de paradigme de la culture en train de se refaire.

Un mot sur les analyses commentant l'érosion ou même la destruction du lien social. Encore là, il y a place pour bien des nuances et même de sérieuses réserves. Dans les pays occidentaux (hormis quelques exceptions), les statistiques de la criminalité démontrent des changements de fréquence selon les types de crime, mais pas de hausses alarmantes dans l'ensemble. En dépit de l'augmentation des inégalités socioéconomiques et de la fragmentation qui accompagne la diversification ethnoculturelle, la question d'une diminution significative du capital social n'est toujours pas tranchée ; plusieurs auteurs signalent une réorganisation des liens sociaux, de l'imaginaire, des appartenances communautaires désormais structurées en réseaux plutôt qu'en solidarités primaires[26]. À l'échelle internationale, on a pu démontrer que l'emprise des associations volontaires s'est maintenue (D. Baer *et alii*, 2001). Dans la même veine, la crise mondiale de la démocratie consécutive à l'érosion du « capital social » n'a toujours pas eu lieu, en dépit des prédictions les plus sombres[27]. Enfin, malgré les importantes mutations en cours dans les sociétés occidentales, il n'existe pas de perturbations profondes dans la vie des institutions politiques, économiques ou sociales. Il serait excessif d'assimiler les difficultés présentes au chaos que laisserait présager le diagnostic de crise culturelle.

En rapport avec la thèse du crépuscule du mythe et de l'utopie, un survol rapide des imaginaires nationaux apporte un éclairage utile. Rien ne semble en effet confirmer cette thèse. Par exemple, qui voudrait contester que le Canada anglais est présentement engagé dans un grand rêve, une grande aventure collective axée sur l'esprit de la charte, le respect de la diversité (multiculturalisme), l'idéal de la société décente, pacifique, compatissante, une société qui cultiverait le compromis et l'entente plutôt que l'affrontement et le conflit, et qui se propose en modèle au monde ? Tous ces éléments sont entrés récemment dans la dynamique identitaire *Canadian* qui s'est profondément renouvelée depuis quelques décennies. Avec des variantes et suivant des voies différentes, une évolution analogue est survenue du côté québécois où l'imaginaire national se nourrit lui aussi de mythes récents ou renouvelés (voir *infra*).

À en juger par ce qui se passe aux États-Unis depuis quelques années, rien n'indique non plus que les vieux mythes nationaux y soient tombés en désuétude. On y assiste plutôt à une vigoureuse relance des mythes fondateurs (dans ce qu'ils ont de moins relevé, il est vrai) commandée par les attaques du 11 septembre 2001 (exemples : apporter la liberté et la démocratie aux peuples voyous ou opprimés, combattre les forces du mal)[28]. On pourrait aussi prendre à témoin le Brésil, le Mexique, le Chili, les pays scandinaves, ou la plupart des anciennes républiques de l'Europe centrale et de l'Est, ainsi que la majorité des nations engagées dans la construction de l'Union européenne. Et que dire de la Chine, de l'Inde, du Japon et des autres « tigres » de l'Asie ? En somme, compte tenu d'exceptions bien connues et malgré toutes les difficultés auxquelles elle est présentement confrontée, il est très exagéré de décréter que la nation a l'humeur dépressive.

Un essai d'évaluation

Si on écarte le diagnostic de crise, comment doit-on caractériser la situation présente ? Je soumettrai d'abord quelques considérations susceptibles de mieux cadrer la question. Il ne fait aucun doute que notre époque fait face à de graves problèmes, dont certains paraissent sans précédent (voir « Le diagnostic de crise culturelle » dans le présent chapitre). Mais quand on passe en revue ce qui va mal, il importe aussi de se demander : est-ce qu'il fut une époque où les choses allaient tellement mieux ? En d'autres mots : à quelle période de l'histoire, à quelle société se compare-t-on lorsqu'on décrète l'état de crise ? Par exemple, connaissons-nous une époque où les valeurs spirituelles avaient préséance sur les biens matériels ou sur les appétits de pouvoir et de richesse ? L'esprit de lucre, pour un, semble être de tous les temps — Pétrarque a combattu toute sa vie le mercantilisme florentin et, bien avant lui, un certain Jésus de Nazareth chassait les vendeurs du Temple.

Ce genre d'exercice est utile. Quand on aborde le sujet de cette manière, on s'aperçoit dans la majorité des cas que, non seulement les sociétés qui ont précédé la nôtre ne se portaient pas mieux, mais au contraire, elles étaient affligées de terribles maux dont certains ont été fortement atténués depuis. En référence à l'Occident, je rappellerai : la sous-alimentation, les indices de surmortalité, la pauvreté, l'analphabétisme, l'exclusion sociale, l'intolérance, les privilèges, les despotismes, les répressions. Même là où la comparaison semble tourner en faveur du passé, on doit aussi songer aux contreparties. Les identités nationales étaient plus stables, mais c'était au prix de l'assimilation forcée des minorités, de la discrimination, ou de la marginalisation des groupes ethniques. La culture savante se portait mieux, mais elle était confinée à une petite élite. L'art avait ses mécènes, mais enrichis le plus souvent grâce à des féodalités oppressives dont les populations étaient captives. La prise de décision politique était plus simple, mais c'était aux dépens de la démocratie. La vie sociale était plus ordonnée, mais elle s'accompagnait d'un autoritarisme qui brisait les consciences et brimait les libertés.

Au cœur de la crise culturelle qui sévirait présentement, on place souvent une rupture profonde entre sujet et objet, entre norme et conduite, entre science et transcendance, entre esprit et matière, entre valeurs et praxis. Or, je crois utile de souligner l'allure plutôt incohérente de ce genre d'analyse quand vient le temps de dater l'origine de la rupture ou de la crise.

— Pour certains (comme le signale T. Hentsch, 2002, p. 109 et suiv.), elle coïnciderait tout simplement avec la fin du paradis terrestre, à partir du moment où l'homme a sacrifié l'innocence au désir de connaissance. Pour d'autres, l'origine de la déchirure remonterait au temps des Grecs. Les philosophes (Aristote et ses héritiers, Platon, les sophistes…) auraient opéré pour la première fois le divorce entre la raison et le mythe, entre le *logos* et le *muthos*[29]. Il en aurait résulté le premier désenchantement du monde, l'éclatement de l'antique relation entre l'être humain et le cosmos — une relation pleine et entière qui livrait spontanément la vérité profonde des choses et non seulement leurs apparences (c'est du moins ce qu'on se plaît à imaginer). Les dramaturges ont aussi contribué à cette rupture. On pense principalement au théâtre de Sophocle : Œdipe qui se dresse contre les dieux, c'est l'inauguration de la béance entre l'humain et le transcendant, entre les vicissitudes de la vie terrestre — désormais plongée dans l'obscurité, le désordre — et les harmonies du Cosmos. Le mythe de Prométhée (comme bien d'autres) véhicule la même idée.

— La crise serait née, si l'on en croit M. Gauchet (1985), avec la naissance du christianisme qui a directement contribué au désenchantement du monde : en insérant la divinité dans l'histoire, il lui a donné une figure humaine, il l'a pour ainsi dire dégradée, banalisée.

— Selon R. Guénon (1946), L. Ferry (2002), M. Chevrier (2005) et d'autres, l'origine de la crise se situerait plutôt vers la fin du Moyen Âge, avec Guillaume d'Occam et le triomphe du nominalisme, avec saint Thomas qui octroie à la raison philosophique une autonomie au sein de la théologie, semant ainsi le germe du désenchantement du monde, et avec tous les autres penseurs de la laïcité qui ont détrôné le spirituel comme principe de la vie sociale (G. de Lagarde, 1956). Il faut rappeler, dans la même veine, la thèse de H. Corbin (1972) et G. Durand (1996, chap. I), selon laquelle la grande rupture serait survenue après Averroès, l'Europe s'engageant alors dans la pensée pragmatique (ou « réaliste ») et creusant ses distances avec l'Orient.

— D'autres font coïncider le traumatisme avec la Renaissance. Jusque-là, Dieu était le seul maître et les bases de l'antique cosmogonie survivaient à peu près intactes. Désormais, la divinité a dû partager avec l'homme la gouverne du monde (H. Broch, 1990). La Renaissance, c'est aussi, comme le rappelle T. Hentsch (2002), le début — ou le retour? — de la pensée sceptique avec Cervantès, Montaigne, Rabelais. C'est une idée que l'on trouve aussi chez l'historien étatsunien Hayden White (dans plusieurs de ses textes).

— De nombreux analystes accusent plutôt le courant des Lumières, au XVIIIe siècle, et l'hyperrationalité qui lui est associée, Descartes faisant ici figure de fondateur. Une puissante utopie, fondamentalement réductrice, s'est alors construite sur l'idée que la science peut remplacer la transcendance dans la recherche du bonheur et de la vérité[30].

— On a aussi accusé la déshumanisation provoquée par l'essor du capitalisme au XIXe siècle et les leçons qu'en ont tirées plusieurs contemporains, tout particulièrement Marx (H. Arendt, 1972) et Nietzsche (L. Ferry, 2002). La transcendance devient une illusion, voire une supercherie. L'horizon de l'homme est ainsi réduit à l'immanence et son destin repose désormais uniquement sur ses possibilités d'action sur lui-même et sur le monde.

— Plus généralement, comme nous l'avons vu, les auteurs les plus récents se réfèrent au désenchantement consécutif aux horreurs du XXe siècle (guerres mondiales, génocides, racisme, impérialisme…).

Ce survol pourrait être étoffé de diverses façons, en l'assortissant de références additionnelles ou en étirant la chronologie jusqu'aux années très récentes (pour faire place, par exemple, aux attentats du 11 septembre 2001 dans lesquels de nombreux commentateurs ont vu une autre ligne de partage). Mon objectif se limite à montrer que la grande imprécision entourant la périodisation du phénomène ainsi que son caractère récurrent font naître un doute quant à la précision du diagnostic lui-même.

Il importe aussi de souligner que le divorce au sein de la connaissance, en permettant l'émergence de la raison autonome, impériale, s'est tout de même avéré immensément fertile sur divers plans : n'est-ce pas cette même rupture qui a rendu possibles la philosophie, la science et la technologie ? En outre, pour ce qui est des effets pervers qui ont accompagné ces avancées, il faut rappeler qu'au cours des siècles, les cultures occidentales ont tout de même appris à mettre en place de puissants palliatifs. Toute l'histoire de la philosophie illustre les nombreuses formules qui ont été mises au point pour réarticuler la raison et le mythe, pour briser la dichotomie entre le monde froid de la réalité et l'univers enchanté du rêve ou de l'Idée — chez les Grecs eux-mêmes, on pense à Platon, à Épicure, aux stoïciens. Dans le même sens, il convient de mentionner ces recours très puissants que sont (souvent malgré eux) l'art, la littérature et la religion. Le christianisme, par exemple, surtout à partir de saint Thomas justement, s'est employé très efficacement à jeter des ponts entre la raison et le Verbe divin, à réconcilier la science (la constitution interne, le fonctionnement de l'univers) et la croyance (son origine, sa finalité, son sens profond).

Enfin, nul, je suppose, n'imagine un retour à ce supposé âge d'or de la connaissance et de la conscience? À quoi pourrait donc ressembler un nouvel arrangement du sujet et de l'objet (ou du réel et du fictif) tel que l'un serait à nouveau fondu dans l'autre? Tous, avec raison, y verraient une terrible régression, de trop nombreux acquis de nos sociétés reposant précisément sur l'arbitrage que la raison a le pouvoir d'exercer en toute autonomie sur des forces qui, autrement, entraîneraient vers le chaos.

Il est une autre dimension que la thématique de la crise culturelle tend à passer sous silence. Au-delà de ses éléments incontestables, une partie de ce discours déprimé fait également écho, il faut bien le dire, à la fin des empires coloniaux tels qu'on les a connus jusqu'au milieu du XXe siècle. Après tout, cette grande civilisation judéo-chrétienne, dont on s'accorde (avec raison) à célébrer les réussites, a toujours été associée de près (de trop près) aux régimes de domination et de racisme, à l'esclavage, au militarisme, à la torture, à la destruction de populations humaines. De même, l'époque du « monde plein » cautionné par le religieux, c'était aussi, par moment, celle de la terreur exercée par un Dieu volontiers vengeur (à laquelle de zélés mandataires ajoutaient des raffinements de leur cru) et du rapetissement de l'être humain[31]. Même la Renaissance a cohabité avec la chasse aux sorcières, les guerres de religion et les horreurs de l'Inquisition. Cela aussi doit entrer en ligne de compte : ce qui se défait en même temps que bien d'autres choses, c'est une civilisation qui, souvent, s'est montrée despotique et guerrière[32].

Enfin, une méfiance naît de ce que les diagnostics de crise semblent récurrents. Ils sont nombreux dans l'histoire de la pensée ceux qui, à l'image de Savonarole, annonçaient une prochaine apocalypse ou, dans une direction opposée, déploraient un âge d'or révolu.

Instruit de toutes ces leçons et bien conscient des limites qu'impose cet essai d'histoire immédiate privé de l'éclairage que procurent les perspectives longues, je soumets que l'agitation des temps présents relève d'une dynamique de transition particulièrement accélérée plus que d'une problématique de crise. Me référant à la définition proposée plus haut (« Problèmes de définition »), je suis amené à constater que ses principaux éléments ne se vérifient pas : nous ne vivons pas dans une société sans mythes, les signes de dynamisme sont nombreux (l'Occident est traversé par de grandes utopies très nobles, mobilisatrices), nous sommes loin d'une situation de chaos social, la sortie de régime que nous effectuons ne donne pas sur le vide culturel ni sur un état dont nous ne savons rien. En fait, du point de vue des grands repères symboliques, on observe non pas un vacuum mais une diversification, une grande fragmentation (en particulier dans les mythes). Enfin, je parle de transition plutôt que d'ajustement, parce qu'il s'agit bien plus que du simple processus, constant et familier, de réaménagement sous couvert de continuité. La transition suppose que les ruptures sont nombreuses et profondes, qu'elles affectent les structures mais sans instaurer une situation d'anarchie.

Or, telle est bien la situation que nous vivons, il me semble. J'en ai donné quelques exemples déjà à propos du déclin des grands postulats de la culture occidentale. Il y a plus. De vieilles configurations symboliques ou mentales continuent à se défaire. Dans les sciences, la rationalité a perdu de son assurance. La causalité simple a fait place à des associations complexes, multidi-

mensionnelles, parfois non prévisibles (J.-J. Wunenburger, 2002).
On a assisté au foisonnement des géométries non euclidiennes. En
physique quantique, une même particule est dite pouvoir se trouver simultanément en un lieu A et en un lieu B (rappelons le mot
de Bachelard selon lequel le corpuscule est « une chose non-
chose »). On parle de l' « immatérialité » de la matière-énergie
(M. Planck, N. Bohr). En fait, ce monde de l'infiniment petit ne se
traduit même plus en formules mathématiques, les postulats de la
science newtonienne ont éclaté. Pour I. Prigogine, le temps qui
s'introduit partout brise les régularités, se fait rebelle aux systèmes[33]. En histoire, l'analyse linéaire s'ouvre à des éléments de
circularité, de fixité (J.-L. Fabiani, 2003). Dans l'ensemble des
sciences humaines, l'heure est aux discontinuités, aux polysémies,
aux ambiguïtés. Une interprétation trop cohérente, trop symé-
trique du réel est devenue suspecte : on se dit qu'elle doit sûrement
simplifier, exclure, ou occulter, étouffer les bruits de fond. Partout,
le raisonnement binaire s'ouvre à l'exploration des interstices, des
entre-deux, des « hybridités ».

Sur un autre plan, le rapport à l'Autre en tant que personnage
repoussant, difforme et dangereux est l'une des plus vieilles figures
de la culture occidentale[34]. Or, nous sommes en train de la récuser, de construire un nouvel imaginaire de la différence, de l'étranger. Il en va de même pour le rapport homme/femme qui se défait
de l'antique imagerie qui le fondait : l'homme fort, rationnel, protecteur et pourvoyeur ; la femme subordonnée, fragile, émotive et
passive, symbole de pureté. Parallèlement, l'image du vieillard,
puits de sagesse, tout comme celle de l'enfant, figure d'innocence,
sont entrées en mutation. La représentation mythologique du
sang comme fondement de l'identité et de l'appartenance à une
communauté n'a cessé de régresser depuis un demi-siècle. Le rapport à l'histoire connaît bien des turbulences lui aussi. Le passé
n'est plus transparent, il n'est plus un donné mais un terrain
contesté, réfractaire à la synthèse, livré à un jeu de miroirs divergents ou bien rendu à son opacité. Il se trouve même des intellec-

tuels qui voudraient carrément abolir ce rapport, accusé d'être stérile, arbitraire et paralysant, source de divisions, de conflits et de confusion plutôt que de ralliement et de clarté. Selon de nombreux chercheurs aussi, le rapport à l'espace deviendrait de plus en plus virtuel, ouvert à des horizons très éloignés des visions familières, refaisant la géographie des lieux. Le rapport au corps, quant à lui, s'est embrouillé en même temps qu'il se délestait de l'antique opposition du physique et du spirituel, du corps et de l'âme[35]. Le rapport à la vie se complique. Avec les avancées des biotechnologies, avec le posthumanisme, nous ne sommes même plus tout à fait certains de ce qui sépare l'humain et le non-humain ; selon plusieurs, il faut repenser complètement ce qu'on appelait jusqu'ici l'humanisme[36]. Autre mutation immense, sans précédent à cette échelle : le freinage démographique généralisé ; les populations humaines n'entendent plus se reproduire sur le mode pléthorique (et quelles sont, du côté des archétypes, les ruptures profondes qui accompagnent un changement aussi radical ?). La liste pourrait s'allonger.

Un glissement du même ordre est survenu dans la structure des imaginaires collectifs. On pourrait ici évoquer des transformations de grande envergure, comme celle qui affecte les mythes fondateurs de la chrétienté : la fin de l'enfer, le déclin du purgatoire, l'effacement du péché originel, du jugement dernier et de la résurrection des morts, la révision de l'image de Dieu comme être toutpuissant, etc. Mais il y a plus. Comme je l'ai mentionné plus haut, je considère chaque système de pensée, chaque système discursif de représentation de la réalité comme le produit d'une alliance, d'un arrangement particulier (plus ou moins efficace) entre la raison et le mythe. L'histoire des idées depuis le temps des Grecs nous montre la diversité et la succession de ces arrangements ultimement commandés par de grands paramètres relativement durables. En Occident, notre tradition intellectuelle a consacré une sorte d'hégémonie de la raison sur le mythe. C'est l'une des balises actuellement en voie de redéfinition. Au XIXe siècle, le romantisme avait mis en forme une protestation du sentiment, de l'émotivité, à quoi l'idéalisme allemand a ajouté une critique radicale de la rationalité conquérante[37]. La psychanalyse, à sa façon, a aussi ébranlé l'ancien postulat du magistère de la raison (et de la liberté individuelle) en ouvrant les portes de l'inconscient et de la libido. En parallèle, une autre brèche était ouverte par l'essor de l'image. L'invention de la photographie a décuplé le pouvoir de la gravure et de la lithographie, bientôt relayées par le cinéma. Peu après, les héritiers des Lumières furent durement pris à partie par les philosophes de l'École de Francfort (les Adorno, Benjamin, Ernst, Marcuse et autres) et par les surréalistes[38].

Aujourd'hui, le rapport entre la raison et le mythe laisse davantage de place à l'imagination, à l'émotion, à l'instinct, à la sensation[39]. Il démontre aussi une tolérance grandissante pour l'ambiguïté, le flou, l'incertitude[40], la contradiction, la polysémie — et quelques autres «incongruités» du même genre. Pendant plus de deux millénaires, le mythe a été disqualifié parce qu'on y voyait une forme de connaissance dégradée et trompeuse, alors même qu'il n'a jamais cessé de jouer un rôle essentiel dans les structures de pensée les plus rationnelles, y compris la pensée scientifique où les postulats opèrent exactement à la façon des mythes : ce sont des énoncés tenus pour vrais même s'ils ne sont jamais démontrés, et ils sont transmis comme des traditions quasi inviolables à l'intérieur de paradigmes soutenus par des institutions, du moins aussi longtemps qu'ils s'avèrent utiles (efficaces). En conséquence de tous ces bouleversements, le mythe est de moins en moins tenu pour une chimère ou une déformation plus ou moins perfide du réel ; il devient, pour le meilleur et pour le pire, une composante, une dimension inévitable de la conscience, un type particulier de rapport avec le réel, comme il en va de toute représentation, de toute croyance. Il s'impose comme un mécanisme socioculturel universel dont nous connaissons encore assez mal le fonctionnement, faute de l'avoir objectivé.

À propos de ce qui précède, on peut à bon droit parler d'un

changement de paradigme si l'on entend par là un glissement radical dans le processus de connaissance, dans le type de rapports que nous établissons avec l'univers proche et lointain, comme le proposent S. Best et D. Kellner (1997). Que va-t-il en ressortir? Il est trop tôt pour le dire. Nous sommes assurément en présence de changements structurels, inquiétants souvent, mais qu'on aurait tort, pour le moment, d'assimiler au chaos. Retenons aussi que, dans la mesure où la vieille hiérarchie entre mythe et raison se défait, les articulations qui s'instaurent entre ces deux pôles se font plus éclatées, plus complexes, imprévisibles, plus riches aussi et plus flexibles. Mais où y trouve-t-on, pour autant, la dysfonction manifeste qui fonderait le diagnostic de crise?

De la crise au discours de la crise

La question se pose inévitablement: pourquoi le discours de la crise s'est-il tant répandu? Pourquoi semble-t-il séduire autant d'esprits? À cela — outre la gravité des problèmes auxquels nous faisons face et sur lesquels je reviendrai — il y a plusieurs raisons sans doute; j'en évoquerai quelques-unes seulement. La première tient de toute évidence à l'ampleur et à la rapidité des changements en cours. On ne doit pas s'étonner de l'inquiétude qu'ils suscitent. Ainsi, on ne se limite pas aujourd'hui à remettre en cause les orientations que doit prendre l'État, on spécule aussi sur sa fin et sur ce qui va lui succéder. On ne s'interroge plus seulement sur les formes de l'écrit mais sur sa survie. Il en va de même avec les cultures nationales dans le contexte de la mondialisation, avec la culture savante menacée par la nouvelle culture de masse, avec l'éthique citoyenne en l'absence de transcendance, avec l'avenir de la tradition et de la mémoire confrontées à la diversité ethnique et au néo-individualisme, avec les identités sexuelles dont les catégories et les critères familiers sont bousculés, avec l'ancienne « normalité » dont les codes ont également volé en éclats.

Une autre raison tient à ce qu'on serait tenté d'associer à une réaction de classe (ce qui ne la disqualifie pas pour autant). Le sentiment de crise, on ne s'en surprendra pas, affecte surtout les intellectuels et, plus généralement, les représentants de la culture savante. Selon une hypothèse qui en vaut bien d'autres, le malaise des intellectuels s'aggraverait du fait qu'ils ont perdu le monopole à la fois de la parole et des critères de la parole dans nos sociétés[41]. De ce point de vue, les nouvelles techniques de communication ont en effet apporté trois changements de taille. D'abord, par la magie de l'Internet (les *blogues* en particulier), il est maintenant donné au premier venu de se poser comme témoin, penseur ou porte-parole de son temps. On pourrait dire que le champ des idées est désormais déréglementé; nous entrons en quelque sorte dans un régime de « pensée-réalité[42] ». Parallèlement, il n'existe plus guère de structure d'autorité intellectuelle (et encore moins de censure) qui établirait les normes, les critères du vrai, du raisonnable, de l'acceptable. Troisièmement, le nouvel âge a modifié le langage, l'art même de la communication en y introduisant une nouvelle grammaire : celle du clip, de l'image, de l'hyperlien, du multimédia, et le reste. En conséquence, les anciens maîtres (dont je suis) risquent d'y perdre un peu leur latin (peut-être aussi leur français…?) et de se sentir bousculés, marginalisés par les virtuoses de l'image, de l'instantané, du virtuel, du sans-fil.

Est-ce là une situation de crise? Faut-il y voir un mouvement foncièrement rétrograde? une menace pour les valeurs fondamentales? ou une simple modalité technique, une difficulté passagère d'ajustement, d'adaptation? Je crois qu'il serait prématuré et fort imprudent de vouloir trancher. Encore une fois, le recul nous fait défaut qui permettrait de bien évaluer la nature et les conséquences du changement. Ce qui attire l'attention cependant, c'est que la situation présente ressemble beaucoup à celle qui a prévalu il y a cinq cents ans en Europe avec l'arrivée de l'imprimerie. Le parallèle est frappant. L'introduction de cette technologie a provoqué le déclassement de toute une famille d'artisans de l'écrit (et de l'esprit) qui se sont trouvés bousculés par le nouveau médium, lequel renouvelait le langage, les styles, les thèmes, les références, les publics. Une nouvelle élite les a remplacés, porteuse à la fois d'une autre technique et d'un autre imaginaire. Il n'a pas manqué d'observateurs à l'époque pour annoncer le déclin de la civilisation. En réalité, une civilisation en remplaçait une autre. En effet, avec le recul d'un demi-millénaire, qui voudrait bouder l'imprimerie? N'a-t-elle pas apporté l'alphabétisation des masses, les Lumières, la démocratie, la liberté? Elle a aussi relancé la culture savante dans des directions qui ont renouvelé la pensée, les arts et les lettres. Et elle a contribué à remettre sur ses rails un humanisme chrétien qui se trouvait fort mal en point. En fait, on lui doit une grande partie de la Renaissance. Bien sûr, et je m'empresse de le préciser, rien ne garantit qu'il en sera de même avec la révolution présente. Mais la leçon incite à la prudence : en dépit des cafouillages qui nous sont donnés à voir, méfions-nous des réactions trop spontanées, des condamnations hâtives. L'avenir réserve peut-être des surprises.

Puisque c'est l'écrit qui semble aujourd'hui se trouver en péril, il est utile de rappeler ce qui est arrivé au XIXe siècle avec l'apparition de la photographie. Certains contemporains ont alors décrété la fin de la peinture, tandis que la plupart s'inquiétaient de son avenir (pouvoir, terreur de l'image encore). Finalement, elle a plutôt été amenée à explorer d'autres pistes, à se réinventer en quelque sorte, ce qui a donné d'abord l'impressionnisme et plus tard le non-figuratif; on connaît la suite[43]. Un scénario analogue s'est produit au XXe siècle avec l'essor de la télévision qui semblait sonner le glas de la radio, tout comme aujourd'hui l'Internet paraît compromettre la survie du livre, sinon de l'écrit — et même de la télévision (du moins des chaînes généralistes).

Aux sources du discours de la crise, il faut aussi faire état d'une nouvelle sensibilité née avec les Trente glorieuses. Les trois décennies qui ont suivi la Seconde Guerre mondiale ont été caractérisées par une prospérité économique sans précédent dans toute l'histoire de l'Occident. La génération des *baby-boomers* a grandi dans cet environnement ouaté qui a favorisé l'éclosion de nouvelles valeurs, de nouvelles utopies centrées sur l'épanouissement de soi et la qualité de vie : écologie, bien-être, non-violence, amour libre, rejet du matérialisme (mais conjugué à une prospérité matérielle sans précédent…), spiritualité largement dépouillée de morale, éducation sans contrainte, vie épanouie hors de la pression du sur-travail (on reconnaît là ce que R. Inglehart a appelé les « *postmaterialist values*[44] » et que F. Ricard [1992] a brillamment analysé dans le cadre québécois). Le rêve a commencé à se briser un peu partout au cours des années 1970 lorsque l'économie mondiale est entrée en récession et qu'il a bien fallu rendre des comptes. L'atterrissage a été pénible pour la génération de l'après-guerre ; tout un monde s'écroulait. Cette sensibilité de crise s'est reproduite parmi la génération suivante (« X ») qui a vécu encore plus durement le retour à la réalité — les lendemains désenchantés des Glorieuses. En résumé, et assez paradoxalement, la conscience de crise tient aussi à l'humeur d'une génération contestataire qui a été bénie par les dieux du capitalisme et de l'État providence et a longtemps monopolisé le discours public[45].

Cette analyse pourrait être poussée plus loin. Par exemple, il est certain que l'histoire tragique et violente de l'Europe au XXᵉ siècle a fourni à la thématique de la crise de puissants ingrédients dont on trouve peu d'équivalent dans le passé des Amériques. On pourrait expliquer de la sorte pourquoi des pays comme la France et l'Allemagne ont tant contribué à sa diffusion. Il existe aussi parfois, à l'origine du discours apocalyptique, une dimension stratégique : décréter un état d'urgence permet d'alerter l'opinion, de mobiliser les institutions, les acteurs, de concentrer des ressources ; la chose est bien connue. Et est-ce qu'il n'y a pas une sorte d'effet pervers dans le fait que l'état dépressif associé à la mentalité de crise inspire des démarches scientifiques ou philosophiques en forme de déconstruction, lesquelles tendent à institutionnaliser la démission et rend l'esprit peu disposé aux tentatives de reconstruction, en plus d'abandonner le champ utopique à d'autres acteurs — ceux de la culture marchande, notamment?

Reprogrammer la pensée et l'action

Toutes ces réflexions invitent à prendre quelques distances avec le discours de crise. En particulier sous sa forme radicale, ce genre de verdict me semble alarmiste. Il ne rend pas bien compte de la situation présente, il introduit de la confusion dans les esprits, il pèche souvent par sensationnalisme[46], il appauvrit la réflexion, il induit à la démission et à l'impuissance[47] — en somme, il finit par accentuer artificiellement le sentiment de la crise, et même le créer parfois. Je crois plutôt qu'il faut s'efforcer à faire des analyses plus nuancées, plus soucieuses de validation empirique, plus méfiantes à l'égard des généralisations et centrées sur quelques problèmes fondamentaux. Mais il presse surtout, sur un autre plan, de refonder une espérance, de dégager un horizon, des directions pour la pensée et pour l'action. Notre époque, comme toute autre, a besoin d'utopies, de mythes. Il faut travailler sur ceux qui ont déjà cours et que j'ai évoqués plus haut; mais on peut aussi en proposer d'autres. Est-ce réaliste? Et comment s'y prendre?

Je dirai d'abord que ma position procède, d'un côté, d'une grande inquiétude, d'un peu de désarroi et, de l'autre, d'un refus radical de m'abandonner au pessimisme radical, à l'inaction, à la démission. J'essaie de faire mon lit entre ces balises d'une manière qui ne soit pas artificielle, sans me laisser guider par une quête un peu stérile du simple compromis. J'ai dit: une grande inquiétude. Comment en effet éviter ce sentiment devant l'ampleur des mutations en cours, devant l'extrême complexité des problèmes à résoudre, devant la gravité des enjeux? Mais je dis aussi résistance, refus de la résignation. Baisser les bras, ce serait justement le moyen pour les intellectuels de précipiter à coup sûr les choses vers l'état de crise. On voit par là que mes deux ressorts sont étroitement liés : c'est parce que le péril est grand qu'il doit être combattu.

Contre le pessimisme, on peut trouver un puissant argument dans le précédent qu'offre l'histoire des sociétés européennes au cours du XIXe siècle. Pour qui se désole du présent, il est utile de se rappeler le désordre, l'extrême confusion qui a caractérisé ce continent durant la première moitié du siècle. Ce fut une période de déchirements sociaux, de révolutions en profondeur, d'urbanisation et d'industrialisation anarchiques (le temps du capitalisme dit sauvage), d'égarement intellectuel aussi dans la mesure où tout semblait à refaire dans les idées après que les révolutions eurent balayé les anciens régimes politiques et culturels[48]. Et cependant, de grands systèmes philosophiques, des idéaux très nobles, des progrès spectaculaires ont émergé de ce chaos qui a été le berceau, notamment, des sciences sociales et de ses grandes traditions théoriques (Marx, Comte, Darwin, Pareto, Spencer...). Il faut donc croire que l'humanité, même à ses heures les plus sombres, possède des réserves insoupçonnées de créativité et de redressement, comme si les ruptures contenaient aussi les forces de la relance.

D'autres précédents, encore plus spectaculaires, offrent un réconfort. Pour ce qui est de refaire les imaginaires collectifs, le passé de l'Occident est riche en épisodes éloquents : je pense à l'immense révolution opérée par la philosophie grecque, à l'essor du christianisme sur les ruines de l'Empire romain, à la Renaissance, au siècle des Lumières. À chacune de ces occasions, on a su redessiner et réactiver pour longtemps le cours des sociétés et des cultures (et dans chaque cas aussi, bien évidemment, les avancées se sont accompagnées de reculs ou de dérapages).

L'histoire individuelle des nations offre de nombreux exemples du même genre. Tout près de nous, on peut se référer à l'évolution du Canada anglais au cours des dernières décennies. Comme je l'ai mentionné plus haut, voilà une société qui, à partir des années 1950, a été capable de refaire complètement son imaginaire, jusque-là marqué profondément par la soumission à l'Empire, l'intolérance et la discrimination raciale. On peut en dire autant du Québec où l'on est passé d'une société relativement fermée et conservatrice à une société ouverte et progressiste, d'une culture homogène et frileuse à une culture pluraliste et plus sûre d'elle-même, d'une nation définie comme une sorte de clone de la France (et apparemment vouée à son imitation servile) à une nation des Amériques, réconciliée avec son continent mais puisant à la fois dans l'Ancien et le Nouveau Monde. Toujours à propos du Québec, et d'une manière analogue, les premières décennies puis la seconde moitié du XIXᵉ siècle ont vu tour à tour prendre forme un imaginaire collectif, inspiré dans un cas par la modernité conquérante du mouvement patriote, dans l'autre par le conservatisme des élites cléricales et professionnelles. Dans la même veine, on pourrait évoquer les origines de la France républicaine, la relance des États-Unis après la guerre de Sécession (notamment avec la mythologie de la frontière), l'Italie de Garibaldi et combien d'autres figures.

J'ai parlé de mythes. Je pense qu'il va falloir appliquer nos esprits (et nos disciplines) à réhabiliter et à réinventer le mythe. On doit à la pensée postmoderne d'avoir effectué l'énorme et indispensable travail critique que rendaient nécessaire les falsifications du discours public et ses divers prolongements dans les imaginaires. Mais après quelques décennies de déconstruction, n'est-il pas temps de penser aussi en termes de reconstruction? En même temps, il est non moins nécessaire de s'appliquer à critiquer les mythes qui nourrissent nos vies individuelles et collectives, justement pour prévenir d'autres dérives.

Qu'est-ce donc que le mythe? Nous le savons bien: il peut être, comme je l'ai signalé, une déformation grossière de la réalité, une falsification pernicieuse et délibérée — disons: un discours frelaté qui veut tromper, une manipulation. Mais ce n'est pas l'essence du mythe que de falsifier ou tromper. Fondamentalement, le mythe, comme représentation, *a*) institue une signification associée à une valeur, une croyance, un idéal, *b*) s'incarne dans un événement historique, dans un lieu, un objet, un personnage ou une institution dont il devient indissociable, *c*) est l'objet d'un processus de ritualisation en vertu duquel il acquiert un statut de quasi-tabou, et *d*) mobilise les esprits, incite à l'action. Il est ce par quoi une société (ou un individu) se définit, se représente, se raconte et se distingue des autres. C'est dans la nature du mythe aussi que de toujours combiner, selon des degrés et des arrangements variables, une composante de fiction et une composante empirique, ce qui le fait relever à la fois de la raison et de l'imagination. Mais la propriété essentielle du mythe tient dans son efficacité, sa capacité de mobiliser autour d'un symbole, d'une finalité, comme on le voit dans le mythe du multiculturalisme au Canada anglais, dans l'ancien mythe de la survivance au Canada français, dans le mythe de la frontière aux États-Unis, dans le mythe républicain en France, dans le mythe indigéniste au Mexique, dans le mythe de la démocratie raciale au Brésil, etc.

Pour cette raison, le mythe est un rouage de toute vie collective et on le retrouve effectivement dans toute société à cause des fonctions vitales qu'il remplit : il offre des directions à la pensée et à l'action, il dissipe l'angoisse qui, dans toute société, naît de l'inconnu ou du chaos, il peut créer des liens entre les groupes, les cultures, les classes, les genres, les races ; il met alors en place les passerelles qui permettent de négocier des compromis en cas de conflit ; il maintient une société unie en temps de crise. Ce commentaire ne se veut pas une apologie naïve du mythe, mais un simple constat sociologique appuyé sur des données positives. Pensons à la façon dont les Américains ont réagi immédiatement après les attaques du 11-Septembre (sans nier les dérapages qui ont suivi) ; ou au Brésil qui demeure une société très fortement intégrée en dépit de ses profondes inégalités économiques et sociales (elles y sont plus accentuées que dans des pays africains réputés très mal en point comme la Côte-d'Ivoire, le Ghana, le Botswana...). À titre de contre-exemples, on peut évoquer l'an-

cienne Yougoslavie, l'ex-URSS, la Roumanie, Haïti, soit des sociétés durement frappées qui n'ont pas su trouver dans leurs mythes
(ou dans leur imaginaire) la force de se relever et de réactiver leur
devenir — en d'autres mots : des sociétés qui avaient épuisé leurs
réserves symboliques. En somme, il n'y a pas de société sans
mythes ; il y a seulement des sociétés qui, pour un temps, peuvent
se donner l'illusion de ne pas en avoir (ce qui est un « mythe »
encore plus redoutable). Il est possible en effet d'ignorer le mythe,
d'en rejeter la portée au nom de la raison ; on s'expose alors au
retour du refoulé, à ses irruptions périodiques et violentes. Dans
tous les cas où un imaginaire collectif dérape, il convient de se
demander si c'est bien le mythe qu'il faut accuser ou bien la raison
qui, trop confiante en ses moyens supérieurs, s'est laissée surprendre par cette conscience dégradée, méprisable. C'est Malraux
qui, en 1953, parlait d'« une civilisation qui refuse [...] d'ordon-
ner son irrationalité[49] ».

Comme toute autre représentation, il arrive que celles instau-
rées par le mythe s'emballent ou soient l'objet de manipulation.
Alors, elles appellent des correctifs de la part des intellectuels à qui
il échoit donc, sous ce rapport, une double responsabilité paradoxale : promouvoir et combattre les mythes. Pour une société, la
question n'est pas de décider si elle doit se donner des mythes ou
non, mais de savoir *a)* comment les choisir et les aménager,
b) comment les critiquer et s'en défaire. Tout cela plaide en définitive pour une nouvelle sociologie du mythe.

Au cours des dernières années, il m'est devenu évident que la
structure et le devenir de toute société dépendent très largement
des mythes ou des idéaux qu'elle se donne. Les recherches compa-
rées auxquelles je me suis livré sur la formation et les transformations des cultures nationales dans le Nouveau Monde ont été
déterminantes à cet égard. Il convient de s'y arrêter brièvement
pour rappeler comment un grand nombre d'entre elles ont pu
surmonter le défi de la diversité et des clivages qui semblaient
compromettre leur devenir. Toutes ces nations, dès leur naissance,

furent en effet confrontées à une contradiction de taille. L'immigration fondatrice en provenance de métropoles européennes s'est vite étendue à divers pays, d'où la juxtaposition au sein des nations du Nouveau Monde d'un large éventail de langues, de religions et de conditions sociales, à quoi s'ajoutait la présence de l'Indigène avec sa culture dite « primitive ». Or, le modèle historique de la nation supposait une homogénéité et une forte intégration de ses membres. À cette fin, les élites intellectuelles ont donc mis au point diverses formules ou aménagements symboliques, en l'occurrence des mythes suffisamment puissants pour réaliser l'unité de leur collectivité dans l'hétérogénéité ; par exemple : le bi-nationalisme (Nouvelle-Zélande), l'idéal de la race cosmique (Mexique), la démocratie raciale (Brésil), le métissage (plusieurs nations d'Amérique latine), le melting pot (États-Unis). Mentionnons encore, pour une période plus récente : le multiculturalisme (Canada, Australie), l'interculturalisme (Québec). Dans chaque cas, on peut voir à l'œuvre des mythes qui ont permis ou permettent à une société de s'adapter tant bien que mal aux changements, d'atténuer des tensions, d'éviter l'éclatement et, souvent, de progresser. Et, bien sûr, on peut y déceler aussi une grande part de mensonge, de manipulation, de violence.

Je me suis restreint ici à montrer la possibilité que détient chaque génération de refaire son environnement symbolique, de réformer une vision du monde, un imaginaire. Pour le reste, je reconnais, bien sûr, qu'il s'agit là d'un exercice hautement aléatoire, à la fois individuel et collectif, qui opère par addition et conjonction et qui peut échouer, ou même ne jamais prendre son envol. Mais le procès d'irréalisme est ici sans fondement : à l'origine d'un mythe (national, historique ou autre), on retrace toujours le travail de l'intellectuel, suivi d'une prise en charge institutionnelle et d'une ritualisation.

Le contexte québécois

La plupart des réflexions qui précèdent s'appliquent aussi au Québec. Je ne crois pas que, comme société, nous nous distinguions beaucoup sous le rapport que j'ai exploré ici, celui d'une crise de la culture. Il serait possible d'aligner, mais sans guère de profit, les éléments positifs et négatifs, comme je l'ai fait plus haut ; le bilan ne différerait pas de celui que j'ai esquissé à l'échelle occidentale. Outre les nombreux témoignages désabusés recueillis dans le cadre de la présente enquête, les commentateurs pessimistes, en effet, ne manquent pas. M. Morin (2004a, 2004b) parle de l'époque présente comme étant celle du « Grand Dépouillement », de l'effondrement de toute transcendance, de l'érosion des valeurs. F. Dumont (1968 et autres), J. Grand'Maison (1998, 1999, 2001), P. Vadeboncœur (notamment : 2004, 2005), S. Cantin (2003), L. Laplante (2003), J.-M. Léger (2004), P. Chamberland (2004, 2006), M. Chevrier (2005), F. Ouellet (2002) et combien d'autres — M. Angenot (2005) et Jean Larose, par exemple[50] — ont exprimé des vues analogues. Nous nous trouverions au cœur d'une crise de la transmission, d'une rupture de la tradition (G. Leroux, 2005), d' « une crise sociétale permanente » (J. Beauchemin, 2004) ; nous serions « entrés dans le règne du bruissement du vide » (M.-A. Beaudet, 2005). Du côté de la littérature, si l'on en croit un collectif récent (C. Morency, 2005), l'heure serait à la « contamination de la bêtise », à la médiocrité, au catastrophisme.

Dans une autre direction, H. Milner (2003) observe chez les jeunes un vaste mouvement de désengagement, de décrochage civique, aggravé par la crise de l'école. J. Grand'Maison (1992) a depuis quelque temps signalé le « drame spirituel » des adolescents québécois. De nombreux analystes prennent à témoin les taux de suicide très élevés pour nourrir les pronostics les plus sombres que semble confirmer l'humeur noire, cynique et même pathologique parfois du jeune roman québécois (S. Marcotte,

2003)[51]. On pourrait en trouver une sorte de contrepartie dans le film de Ricardo Trogi *(Horloge biologique)*, succès de l'été 2005 au Québec, qui met en scène d'éternels adolescents (les « Whippets ») sans avenir, terrorisés par la perspective de l'âge adulte: Plus généralement, d'un observateur à l'autre, le diagnostic de crise s'étend à la mémoire nationale, à la transmission culturelle, à la création artistique et littéraire, à l'ensemble du système d'enseignement, aux médias, à la lecture, etc.

Enfin, il semble bien que cet état d'esprit déborde la sphère des milieux intellectuels proprement dits. Au cours d'un sondage effectué en octobre 2004 par l'animatrice Marie-France Bazzo *(Indicatif présent*, Radio-Canada), le public était invité à soumettre une formule ou un mot pour caractériser les temps présents (le concours s'intitulait : « Nommer l'époque »). Près de 2 500 suggestions ont été présentées, dont plus de la moitié (56 %) révélaient une évaluation négative, pessimiste ou carrément désespérée du temps présent (la formule gagnante : ego.com !). Il appert donc que l'humeur dépressive a gagné une bonne partie de ce qu'on pourrait appeler l'opinion.

Les témoignages qui suivent, souvent appuyés sur des données empiriques, méritent évidemment attention et on serait tenté de dire qu'ils constituent, en eux-mêmes, non seulement un indice mais un élément de crise. Cependant, on pourrait leur opposer chacun des arguments que j'ai déjà présentés dans la troisième partie de ce chapitre, « Des données contradictoires ». En plus, ils comportent tous leur contrepartie : sur chaque thème, les évaluations les plus contradictoires se font entendre. Il n'est pas exact, par exemple, que la culture québécoise se soit vidée de ses élans symboliques après quelques décennies de Révolution tranquille. Comme il est arrivé avec le renouvellement des « grands récits » à l'échelle internationale, d'autres mythes (ou propositions de mythes) ont pris le relais au cours des dix ou vingt dernières années (le pluralisme, l'ouverture au monde, la citoyenneté, la société civile internationale, le métissage, le transculturel, la cul-

ture publique commune, le développement durable, l'américanité, la petite nation ingénieuse, créatrice et dynamique, les identités multiples, l'éthique publique, l'idéal individualiste de
l'« excellence », l'éloge de l'ambivalence et de la fluidité…). Il est
significatif aussi que, dans la vaste enquête réalisée par le Conseil
de la science et de la technologie du Québec sur les principaux
défis auxquels notre société doit faire face, les facteurs culturels
apparaissent remarquablement peu. Inconscience? Biais de
méthode? Je rappelle tout de même que les 1 306 participants
représentaient un large éventail de disciplines (les sciences
humaines, arts et lettres comptant pour le tiers, soit la proportion
la plus importante avec les sciences naturelles et le génie — deux
cinquièmes).

Même les données statistiques apparemment les plus assurées
se contredisent. C'est le cas, par exemple, pour l'éducation. Chacun sait que le Québec est l'une des populations les plus scolari-
sées en Occident, mais ses taux de décrochage sont catastrophiques et la méconnaissance du français (comme des langues
secondes) est inquiétante. L'analphabétisme y serait croissant (il
frapperait près du quart des adultes…) et l'imprimé très mal en
point, mais le marché du livre est en hausse depuis cinq ans (la
part des grandes surfaces diminuant même au profit des petites
librairies dites indépendantes), les Québécois achètent plus de
livres que les habitants des autres provinces et la fréquentation des
bibliothèques publiques augmente (ajoutons que, de 1992 à 2002,
le nombre de nouveautés publiées s'est accru de 3,8 % par an, le
nombre total de titres passant de 3 014 à 4 362 et celui des romans
de 272 à 486)[52]. L'état de la culture serait déplorable, mais la part
du budget québécois consacrée à ce domaine est beaucoup plus
élevée qu'ailleurs au Canada et elle a connu une hausse marquée
depuis les années 1990 (D. Saint-Pierre, 2004). De toutes parts
aussi, on ne cesse de vanter le remarquable dynamisme de la création artistique et littéraire tandis que d'autres en dénoncent la
médiocrité (comme en fait foi le premier chapitre du présent

ouvrage). Sur un autre plan, le Québec est très accueillant envers les immigrants et le nombre d'incidents racistes y est peu élevé, mais les nouveaux venus y sont les plus mal lotis au Canada. De même, notre population serait l'une des plus tolérantes au monde, mais les Noirs ont peine à se trouver un emploi[53]. Sur chacun de ces sujets, de nombreuses études proposent aussi des aperçus nuancés qui n'accréditent ni le constat de crise ni les visions très optimistes[54].

La façon dont les médias ont commenté récemment les résultats de la grande enquête internationale sur l'indice de littéracie mériterait une étude approfondie. Pour qualifier la performance québécoise, on a utilisé les mots « scandale », « désastre », « catastrophe », « triste incompétence », etc. On apprenait par ailleurs que le score du Québec se situe dans la moyenne des sociétés étudiées. Et personne n'a jugé bon de signaler que, l'indice étant nouveau, on ne connaît pas encore très exactement ce qu'il mesure et on ne dispose pas de perspective diachronique ; il est donc impossible de préciser ce qui serait son niveau « normal », s'il est en hausse ou en baisse, ce qui le conditionne, etc.[55].

À propos des jeunes en particulier, il faut accueillir avec prudence les constats alarmistes. Des études québécoises récentes arrivent sensiblement aux mêmes conclusions que de nombreuses autres réalisées à l'échelle internationale. Elles démontrent le profond attachement à des valeurs comme la liberté, l'autonomie, la justice, la responsabilité. On insiste aussi sur l'idéal démocratique, l'égalité, le travail créatif, la discipline, la fierté (M. Gauthier, 2005 ; B. Robinson, 2005 ; V. Mercier, 2005). Chez les jeunes Québécois toujours, d'autres travaux ont montré une forte moralité, un attachement au modèle familial, de même que la persistance de l'engagement politique et du militantisme, encore une fois sous des formes renouvelées (G. Pronovost, C. Royer, 2003 ; A. Quéniart, J. Jacques, 2004 ; S. Filiatrault, 2004). Les expériences de l'« Université d'été » conduites en août 2004 et 2005 à Montréal sous l'égide de l'Institut du Nouveau Monde ont fait la démonstration d'une grande vitalité citoyenne et politique parmi les centaines d'inscrits (âgés de 15 à 30 ans)[56]. Enfin, la thèse du déclin du religieux doit être nuancée; au-delà de la baisse de la pratique, les glissements en cours révèleraient plutôt un rejet du dogmatisme, une fragmentation des fois et des cultes, une tendance à l'éclectisme et au bricolage (G. Ménard, 2003)[57].

Les évaluations négatives mises de l'avant pèchent parfois aussi par nostalgie; on oppose à un présent dégradé les splendeurs d'un passé qui n'a pas toujours existé. Un des meilleurs exemples est fourni par la condamnation radicale que l'on fait parfois des cégeps en les opposant aux anciens collèges classiques. Cette comparaison, comme on sait, tourne généralement à l'avantage des seconds. Mais dans les rappels qu'on en fait, il me semble qu'on ne tient pas assez compte de ce que la grande majorité de ces institutions étaient très sélectives (en faveur des milieux favorisés, des élèves les plus talentueux), qu'un régime autoritaire y étouffait l'initiative, que la censure y régnait au point où il était impossible de lire la plupart des grands classiques de la littérature et de la philosophie, que l'innovation y était peu encouragée et la répétition la règle. Au surplus, la comparaison prend souvent à témoin les collèges privés d'aujourd'hui qui sont infiniment supérieurs à leurs ancêtres, d'où un autre biais.

Il en va de même avec les données et témoignages sur l'état du social. Les uns font valoir la crise de la famille, les taux inquiétants de criminalité, la baisse généralisée du capital social (entre autres : G. Paquet, 1999), le désengagement collectif, la hausse sans précédent de la violence parmi les jeunes, l'essor rapide du suicide chez les aînés, l'indifférence croissante de l'électorat. D'autres, s'appuyant sur des taux et indices différents, ou armés de données comparatives, de séries historiques, opposent des aperçus plus nuancés, moins alarmants ou carrément divergents. Il n'est malheureusement pas possible de faire état ici d'un dossier substantiel que j'ai constitué au cours des dernières années en rapport avec les grandes questions de l'heure au Québec. Je dirai seulement que l'impression qui s'en dégage est assez désarmante. Même sur des thèmes pointus qui se prêtent à une quantification élémentaire, les scientifiques les plus autorisés se contredisent et les médias opèrent des sélections ou des raccourcis qui contribuent à la confusion.

À propos de la criminalité, par exemple, on peut lire à quelques jours d'intervalle que *a*) le Québec se porte très mal, *b*) son taux général est le plus bas au Canada (qui lui-même se classe parmi les pays les plus disciplinés d'Occident)[58]. On apprend aussi, d'un côté, que les liens sociaux se disloquent dangereusement, et de l'autre, que la sociabilité demeure très forte, qu'elle se renouvelle même, y compris dans les quartiers urbains les plus multiculturels[59]. De même, les Québécois seraient très peu portés sur le bénévolat et les dons de charité, mais ils sont les premiers en Amérique pour les dons d'organes et sont particulièrement actifs en matière d'adoption internationale. Quant au taux de suicide, on a l'habitude de lire qu'il est le plus élevé au monde, ce qui est faux ; le Québec est dépassé par divers pays de l'Union européenne (dont l'Autriche et la Finlande[60]). De plus, on apprenait au printemps 2006 qu'il avait chuté de moitié chez les adolescents (15-19 ans) au cours de la période 1999-2004[61]. Je ne crois pas utile de pousser plus loin ce survol ; les réponses à notre questionnaire, analysées dans le chapitre I, illustrent assez le caractère contrasté de la situation — tout comme la divergence des points de vue et des humeurs des répondants.

Que retenir de tout cela ? Cinq points, en ce qui me concerne. D'abord, et de nouveau, les diagnostics de crise doivent être accueillis avec méfiance, même si la gravité des problèmes ne fait aucun doute. Ensuite, toutes les évaluations et études, statistiques ou autres, doivent être interprétées avec une grande vigilance critique ; la confusion que sèment les nombreuses informations tronquées ou contradictoires accroît la difficulté d'une connaissance exacte de soi, d'où la tentation de s'en remettre à des stéréotypes. Troisièmement, il faut s'employer à cerner des problèmes spécifiques, bien identifiés et documentés, afin d'agir efficacement sans se laisser distraire par les bilans à l'emporte-pièce qui noircissent ou blanchissent à outrance. Quatrièmement, la culture savante québécoise s'imprègne peut-être trop aisément de la morosité intellectuelle venue de la France[62] — nous devrions nous montrer plus attentifs à d'autres voix venues d'autres parties du monde et porteuses de points de vue, de visions, de sensibilités différentes. S'ajoute à cela le sentiment de plus en plus répandu (en particulier parmi les jeunes) que la Révolution tranquille a été un échec. Enfin, est-ce qu'il n'est pas paradoxal que les deux premières générations de Québécois à avoir enfin accédé massivement à l'enseignement supérieur manifestent à ce point une tendance à la morosité, au dépit, à la démission, à la fatigue[63]? Après tout, la mondialisation, à laquelle on impute avec raison tant de maux, ouvre également des perspectives sans précédent d'innovation et d'affirmation. Les temps de rupture sont aussi des temps de recommencement.

Sous le rapport des idéaux ou des mythes ayant cours présentement au Québec, j'ajouterais l'hypothèse suivante (je m'en tiens ici à un bref énoncé, réservant pour une autre occasion le soin d'un argumentaire plus détaillé). À l'époque de la Révolution tranquille, le Québec a procédé à un renouvellement de ses mythes fondateurs, donnant congé notamment à la survivance, aux Canadiens français pliés, victimes, plus ou moins sacrifiés, aux saints martyrs canadiens et à Dollard des Ormeaux. Il s'est donné aussi des mythes projecteurs : la modernité, l'américanité, la laïcité, le développement (le « rattrapage »), l'ascension des « nôtres » dans le monde des affaires, la souveraineté politique, la « québécitude », etc. Au cours des décennies 1980 et 1990, la plupart de ces mythes ont perdu de leur mordant parce qu'ils avaient en quelque sorte réalisé leur programme, parce qu'ils avaient livré le potentiel dont ils étaient porteurs. Est-ce à dire qu'ils n'ont pas été remplacés? Bien sûr que non. Comme je l'ai mentionné plus haut, de nombreux idéaux ou mythes ont émergé depuis. La véritable différence par rapport à l'époque antérieure est ailleurs.

La culture québécoise des années 1960 et 1970 était porteuse de ce que j'appelle un archémythe, c'est-à-dire une vaste configuration symbolique qui commande et fédère un ensemble de mythes, ou encore : qui structure d'autres mythes et les subsument, si bien que toute avancée enregistrée dans la direction de l'un de ces mythes se traduit par une avancée dans l'ensemble. La figure de l'attelage reproduit assez fidèlement cette dynamique. Or, c'est un phénomène de ce genre qui est absent dans la conjoncture présente. La majorité des mythes en vigueur se présentent à l'état non pas conjugué mais fragmenté. Si l'on veut, l'atomisation a remplacé l'attelage. Avec le recul du temps, il est aisé d'identifier l'archémythe de la Révolution tranquille : l'affirmation nationale des Francophones québécois dans l'environnement nord-américain et atlantique, sur un mode de rattrapage. On chercherait vainement une architecture de ce genre aujourd'hui dans notre paysage culturel.

Je m'empresse d'ajouter qu'il n'y a rien là d'anormal ou d'inquiétant. En fait, les mythes se présentent le plus souvent sous une forme fragmentée ; c'est plutôt l'archémythe qui est exceptionnel. Il survient parfois dans l'histoire d'une nation ou même d'un continent (pensons à la Renaissance en Europe) sans qu'on s'y attende. Il est très difficile d'expliquer son apparition et plus encore de la prévoir ou de la provoquer.

Conclusion

J'ai voulu dans ces pages critiquer et récuser le diagnostic de crise, mais sans verser dans un optimisme facile. Par exemple, je suis loin de partager l'assurance et l'enthousiasme de H. Fischer (2004) quant à l'avenir de la « planète hyper ». Je suis au contraire très préoccupé par plusieurs tendances ou glissements en cours dans la société québécoise et dans son environnement occidental et ne crois nullement impossible un dérapage de longue durée dans un avenir plus ou moins proche; après tout, ce ne serait pas la première fois dans le cours de l'histoire que l'humanisme prendrait congé. En ce qui me concerne, les principales sources d'inquiétude me semblent liées aux inégalités sociales et au déficit démocratique croissant (consécutifs à la mondialisation), à la marchandisation et à l'utilitarisme qui menacent d'investir toutes les sphères de la société (y compris l'institution universitaire), à l'infantilisation et à l'appauvrissement (teintés de vulgarité) associés à la nouvelle culture de masse, aux relâchements du système d'enseignement, à l'avenir général de l'éthique dans les institutions (publiques et privées), aux intégrismes de tous ordres qui mettent en péril les idéaux pluralistes et l'équilibre de la vie citoyenne, et enfin — j'y reviens — au cynisme qui menace de s'étendre, apportant ainsi une caution bien involontaire à une dérive qu'il faudrait plutôt contenir. Cela dit, je crois aussi qu'il revient à chaque société de concevoir pour elle-même et de mettre en œuvre les mesures appropriées, compte tenu de ses contraintes, de son histoire et de ses orientations.

Je me permets cependant d'insister sur le problème de la culture marchande, cette monoculture qui menace d'éroder l'espace critique, à savoir une distance salutaire grâce à laquelle une culture (et avec elle, toute une société) peuvent s'amender, se renouveler et progresser. Cette culture-là, on peut la tenir objectivement pour supérieure à l'autre parce qu'elle peut en faire la théorie, en montrer les limites et les contrefaçons, parce qu'elle peut aussi lui opposer une réflexivité et faire valoir des horizons, des perspectives plus vastes entre lesquels les citoyens ont la possibilité de choisir. On est donc loin ici d'un élitisme qui voudrait imposer arbitrairement ses normes et ses modes arrogantes à une culture « démocratisée ».

La discussion sur le thème de la crise peut aisément tourner en une simple querelle sémantique et c'est pourquoi il importe de rappeler la principale question qu'elle recèle : faisons-nous réellement face à une conjonction de tendances destructrices en forme de fatalité, au point que la résignation éclairée constituerait le seul parti raisonnable? La résignation éclairée, c'est-à-dire : le repli dans la lucidité retranchée, dans une révolte retenue, dans les évasions que peuvent offrir le travail quotidien ou la vie de l'esprit, dans la fausse sécurité d'une individualité « autofécondée », érigée en barricade — dans tous les cas : dans une forme d'impuissance collective. Comme je l'ai suggéré déjà, il faut plutôt se convaincre que la démission des acteurs constituerait le plus sûr moyen de précipiter dans la crise une société déjà mal en point. Je crois qu'il nous revient, comme intellectuels, de restaurer — tout en les critiquant — la croyance, le mythe, de concevoir de nouvelles directions pour l'action, de casser la spirale de l'apathie et de l'impuissance.

À l'encontre d'un sentiment de plus en plus répandu, je tiens que les intellectuels disposent toujours de puissants moyens pour agir sur la société. Ils sont les virtuoses de l'écrit (qui ne se porte pas si mal) et de la parole (qui se porte encore mieux); ils sont aussi les acteurs principaux, en première ligne, de tout le système d'éducation. Ce n'est pas rien. Sans délaisser leur champ, il leur reste à prendre pied, d'une façon ou d'une autre, dans la formidable machine que sont les nouvelles technologies de communication de masse. Il y a là des instruments extraordinairement puissants pour qui veut agir directement sur une société ou sur une culture pour la changer. Ce serait une erreur que de leur tourner le dos.

Enfin, il revient aux intellectuels de s'employer à vaincre le sentiment d'abandon qui se répand dans la société. La mondialisation a certes donné naissance à des acteurs très puissants. Mais leur pouvoir est constitué en grande partie de l'addition de nos peurs et de nos démissions. Les modestes essais de syndicalisation effectués depuis quelque temps au Québec par des employés de Wal-Mart et de McDonald's prouvent que ces géants ont des pieds d'argile. Le mouvement altermondialiste et les démarches ayant abouti aux Accords de Kyoto sur l'environnement démontrent également les possibilités de l'action concertée des individus et des groupes (action qui, dans ce cas, a fini par entraîner les États et créer une forte pression internationale). Mais on voit bien aussi que, dans un esprit de rééquilibrage, la mondialisation du pouvoir économique réalisée depuis une trentaine d'années appelle une opération du même ordre du côté des travailleurs et des citoyens[64].

Restaurer la croyance, ai-je dit; rallumer le mythe, relancer l'imaginaire. Tout cela, encore une fois, n'est-il pas naïf, illusoire? Peut-on « programmer » ou plus exactement « reprogrammer » le symbolique? La réponse paraît donnée d'avance. Et pourtant, quand on considère les grands moments de l'histoire où la culture s'est rejouée (à l'échelle nationale ou continentale), on voit bien que tout est parti de l'initiative d'un ou de quelques individus qui ont donné le ton, qui ont dégagé le nouvel horizon, de sorte qu'après coup il est possible d'identifier quelques noms, quelques textes dits fondateurs. Il devient possible aussi de dégager des courants, des repères, des dynamiques, sinon des constantes (pensons à la Renaissance, aux Lumières, au romantisme ou, ici même au Québec, aux intellectuels des années 1950 — ceux de l'Hexagone, par exemple, qui ont préparé la Révolution tranquille et en ont tracé le programme).

On pourrait en donner bien d'autres exemples. Le plus spectaculaire, je l'ai signalé déjà, c'est le travail de réaménagement, si lourd de conséquences, de ce qui est probablement la plus puissante configuration symbolique de l'Occident, en l'occurrence les grands mythes fondateurs du christianisme. Tout semble devoir y passer, incluant le cycle fondamental de la souillure originelle, de l'expiation et de la rédemption[65].

Bien sûr, la part de l'imprévisible demeure immense comme toujours, mais il n'y aurait donc rien à apprendre de l'accumulation des expériences passées? Est-il inévitable que les changements culturels se produisent aujourd'hui de la même manière qu'autrefois? Quant à la pluralité et à la fragmentation qui caractérisent maintenant nos sociétés, on les tient couramment pour des obstacles à la reconstitution de grands rêves collectifs. Mais comment alors expliquer celui qui emporte une très large partie du Canada anglais depuis un demi-siècle ? Ou celui qui, parallèlement, a conduit à la construction de l'Union européenne ?

L'étude des imaginaires collectifs est encore bien jeune ; elle n'est même pas encore tout à fait affranchie du faux procès qui lui est intenté au nom des prérogatives d'une rationalité mal comprise. Si l'étude de la culture relève (en partie tout au moins) de la science, pourquoi ne se prêterait-elle pas à des approches renouvelées, un peu délinquantes même — dans l'esprit de l'époque ?

Remerciements

Nous exprimons notre vive reconnaissance à ceux et à celles qui ont bien voulu collaborer à cette enquête. Nous avons été très agréablement surpris du soin que les répondants ont mis à s'acquitter de leur tâche, ce dont témoignent la richesse et la profondeur des réflexions qui nous ont été transmises. À cause des contraintes d'espace, il n'a pas toujours été possible de leur accorder toute la place qu'elles auraient méritée ; nous avons donc dû résumer, nous nous en excusons encore une fois. Nous remercions également Mesdames Catherine Audet, Patricia Bouchard et Carole Roy pour leur indispensable soutien technique.

L'ouvrage a été réalisé dans le cadre des travaux de la Chaire de recherche du Canada sur l'étude comparée des imaginaires collectifs, que dirige Gérard Bouchard à l'Université du Québec à Chicoutimi. Il a également bénéficié d'une assistance financière de l'Institut canadien des recherches avancées.

Annexe A

A) Estimez-vous que la culture au Québec et dans les sociétés occidentales en général se trouve présentement dans un état de crise?

B) Si vous avez répondu par la négative à la question précédente:

1. Justifiez votre réponse.

2. Comment caractériseriez-vous la situation actuelle?

1. La situation du Québec présente-t-elle quelque singularité?

2. Comment expliquez-vous tous ces constats de crise formulés par tant d'auteurs depuis une dizaine d'années?

C) Si vous avez répondu par l'affirmative à la question A:

1. Quelle est selon vous l'intensité de cette crise?

2. Quelles en sont la nature et les manifestations principales?

3. Quelles sont les causes de la crise?

4. Croyez-vous qu'il soit possible de faire quelque chose pour en sortir?
   a) Si non, pourquoi?
   b) Si oui, quoi faire?

5. Sous le rapport des manifestations de la crise, croyez-vous que le Québec présente quelque singularité?

Annexe B

Liste des répondants*

* *Cette liste ne contient pas les noms des 29 répondants ayant souhaité conserver l'anonymat.*

Anctil, Pierre
Andrès, Bernard
Angenot, Marc
Arcand, Bernard
Baillargeon, Normand
Baudoin, Jean-Louis
Baum, Gregory
Beauchemin, Jacques
Beaudoin, Gérald A.
Beausoleil, Claude
Bédard, Jean
Bélanger, Damien-Claude
Bélisle, Mathieu
Bernard, Paul
Boisvert, France
Bouchard, Serge
Bourgeault, Guy
Bourque, Ghislain
Boutin, Gérald
Brossard, Nicole
Bureau, Luc
Caumartin, Anne

Cermakian, Jean
Chabot, Marc
Chassay, Jean-François
Choquette, Gilbert
Cohen, Yolande
Corbo, Claude
Coulombe-Boulet, Amélie
Cyr, Claudine
Dansereau, Pierre
Daunais, Isabelle
de Saedeler, Sylvie
Deleuze, Magalie
Déry, Louise
Doyon, Nova
Ducharme, Daniel
Ducharme, Michel
Dumont, François
Dupré, Louise
Dupuis-Déri, Francis
Fahmy, Miriam
Fall, Khadiyatoulah
Folch-Ribas, Jacques

Fortin, Andrée
Fortin, Anne
Fortin, Cynthia
Freitag, Michel
Gagnon, Madeleine
Gélinas, Claude
Gingras, Yves
Girard, Marc
Godbout, Jacques
Godbout, Jacques T.
Grand'Maison, Jacques
Gubbay, Sharon
Guilloteau, Valérie
Henripin, Jacques
Hentsh, Thierry
Jacques, Daniel
Jean, Annie
Kaine, Élisabeth
Kattan, Naïm
Kokis, Sergio
Lachance, Michael
Lachapelle, Guy
Lachapelle, Julie
Lacombe, Michel
Lacroix, Benoit
Lagueux, Maurice
Lamontagne, Marie-Andrée
LaRue, Monique
Latouche, Daniel
Laverdure, Bertrand
Lemire, Maurice
Leroux, Georges
Lesemann, Frédéric
Letarte, Geneviève
Lévesque, Andrée

Ménard, Guy
Mercier, Lucie C.
Michaud, Andrée-A.
Micone, Marco
Montminy, Jean-Paul
Nardout-Lafarge, Élisabeth
Paré, Jean
Payeras, Jessica
Pommet, Catherine-Éole
Régimbald-Zeiber, Monique
Ricard, François
Richard, Jean
Rivard, Yvon
Rocher, Guy
Roy, Yannick
Saint-Pierre, Céline
Sauvé, Mathieu-Robert
Segura, Mauricio
Senez, Sabica
Seymour, Michel
Simard, Annie
Simard, Jean-Jacques
Théoret, France
Thibault, André
Tremblay, Emmanuelle
Trudel, Sylvain
Vacher, Laurent-Michel
Vaugeois, Denis
Vigneault, Louise
Vonarburg, Élisabeth
Warren, Jean-Philippe
Warren, Louise
Weinstock, Daniel
Xanthos, Nicolas

Profil des répondants

Tableau 1. — Formation disciplinaire

Formation disciplinaire	N	%
littérature	51	36,2
sociologie	17	12,1
philosophie	13	9,2
histoire	11	7,8
théologie	11	7,8
sciences politiques	9	6,4
anthropologie	5	3,5
beaux-arts et design	4	2,8
journalisme	3	2,1
éducation	2	1,4
géographie	2	1,4
linguistique	2	1,4
psychologie	2	1,4
droit	2	1,4
économie	2	1,4
cinéma	1	0,7
démographie	1	0,7
sciences naturelles	1	0,7
travail social	1	0,7
orientation scolaire	1	0,7
Total	141	100

Tableau 2. — Répondants selon le sexe

Hommes		Femmes		Total	
N	%	N	%	N	%
74	56,9	56	43,1	130	100

Tableau 3. — Hommes par classes d'âge

20-35		36-50		51-65		> 65		Total	
N	%	N	%	N	%	N	%	N	%
9	12,2	12	16,2	34	45,9	19	25,7	74	100

Tableau 4. — Femmes par classes d'âge

20-35		36-50		51-65		> 65		Total	
N	%	N	%	N	%	N	%	N	%
20	35,7	19	33,9	15	26,8	2	3,6	56	100

Annexe C

Réponses à la première question

**Tableau 5. — Estimez-vous que la culture
se trouve dans un état de crise ?**

Évaluations	Hommes		Femmes		Total	
	N	%	N	%	N	%
I. Négatives, à dominante négative	37	50,0	30	53,6	67	51,5
II. Positives, à dominante positive	24	32,4	14	25,0	38	29,2
III. Ambivalentes	13	17,6	12	21,4	25	19,2
Total	74	100	56	100	130	100

**Tableau 6. — Estimez-vous que la culture
se trouve dans un état de crise ?**

Évaluations	Hommes		Femmes		Total	
	N	%	N	%	N	%
I. Négatives, à dominante négative	37	60,7	30	68,2	67	63,8
II. Positives, à dominante positive	24	39,3	14	31,8	38	36,2
Total	61	100	44	100	105	100

Nombre de réponses ambivalentes écartées de ce tableau : 25.

Tableau 7. — L'ensemble des répondants par classes d'âge

Évaluations	20-35		36-50		51-65		+ 65		Total	
	N	%	N	%	N	%	N	%	N	%
I. Négatives, à dominante négative	11	37,9	16	51,6	27	55,1	13	61,9	67	51,5
II. Positives, à dominante positive	16	55,2	7	22,6	9	18,4	6	28,6	38	29,2
III. Ambivalentes	2	6,9	8	25,8	13	26,5	2	9,5	25	19,2
Total	29	100	31	100	49	100	21	15,6	130	100

Tableau 8. — Hommes par classes d'âge

Évaluations	20-35		36-50		51-65		+ 65		Total	
	N	%	N	%	N	%	N	%	N	%
I. Négatives, à dominante négative	3	33,3	5	41,7	18	52,9	11	57,9	37	50,0
II. Positives, à dominante positive	5	55,5	5	41,7	8	23,5	6	31,6	24	32,4
III. Ambivalentes	1	11,1	2	16,6	8	23,5	2	10,5	13	17,6
Total	9	100	12	100	34	100	19	100	74	100

Tableau 9. — Femmes par classes d'âge

Évaluations	20-35		36-50		51-65		+ 65		Total	
	N	%	N	%	N	%	N	%	N	%
I. Négatives, à dominante négative	8	40,0	11	57,9	9	60,0	2	100	30	53,6
II. Positives, à dominante positive	11	55,0	2	10,5	1	6,7	–	–	14	25,0
III. Ambivalentes	1	5,0	6	31,6	5	33,3	–	–	12	21,4
Total	20	100	19	100	15	100	2	100	56	100

Annexe D

Extraits de réponse

Bernard Andrès

Loin d'y voir une forme pathologique de l'évolution des sociétés et de leurs cultures, une perturbation dommageable rompant un équilibre, je pense que les crises sont salutaires et, sinon vecteurs de « progrès » dans l'évolution humaine et sociétale, du moins indicateurs de tensions utiles.

Utiles à quoi ? À la remise en question de soi-même et, pour les collectivités, remise en question d'un ordre devenu sclérosant : régime, système, hiérarchie des valeurs et des références, etc. Sans les « crises » (que je vois un peu dans les mots de Foucault comme des sauts épistémiques entre des « ordres du discours », entre des séries ou des stratifications du savoir et/ou de la praxis), sans ces crises qui font trembler nos certitudes, de quels ressorts disposerions-nous pour avancer ?

J'irais même au-delà, afin de me garder de toute vision téléologique de la chose : faut-il vraiment, peut-on vraiment avancer, « progresser » vers un quelconque palier « supérieur » de la condition humaine, ou le propre de l'humanité ne réside-t-il pas dans la conscience « tragique » de l'absurdité de notre rapport au monde ? Tragique et exaltant (c'est peut-être mon compatriote Camus qui m'inspire cette posture).

Marc Angenot

Je partirai du constat que depuis plus d'un siècle, dans le monde francophone notamment, l'idée de « crise », le fait de décrire les conjonctures successives comme des « crises », est peut-être ce qu'il y a eu de plus constant et répétitif, ce qui incite à se méfier *a priori* — et sur le marché du livre, les publicistes qui décrivirent, alarmés, la crise de ceci et de cela ont formé d'année en année une petite armée de sombres Cassandres, qui s'est renouvelée sans cesse au cours du siècle ; le succès de leurs essais répondait souvent à des angoisses collectives de la classe lettrée. Mais avec le recul du temps, on a l'impression que l'état de crise diagnostiqué était plutôt l'état normal et modal des choses, dysfonctionnel à certains égards, le régime normal imparfait du secteur considéré et que ni l'urgence de porter remède, ni la pertinence dudit remède, ni les sombres scenarios extrapolés, qui font partie du « genre » et du « diagnostic », n'étaient très perspicaces. [...]

Ce que je vois au Québec aujourd'hui, si j'étais tenté par un diagnostic global, c'est précisément le contraire de la crise, pour rester dans le grec, ce serait plutôt la stase. Je veux dire ceci : le Québec me semble dans tous les secteurs de la vie publique et de la culture vivre sur des dynamiques épuisées, peu renouvelées du moins, sur le ressassement de formules politiques, civiques, médiatiques, esthétiques qui étaient jeunes quand je l'étais aussi, c'est-à-dire il y a trente ans et plus. La stase, c'est cela, c'est le fait que le monde évolue et que ces formules ne font que s'adapter superficiellement, que se laisser « retaper » tout en résistant fondamentalement au changement, et comme s'il y avait parmi nous « consensus » sur l'idée que cette résistance passive est méritoire. [...]

Tout ceci est subjectif, certes, et c'est le risque que je prends dans ces réflexions : je me vois vivre dans une société précautionneuse, routinière, moins innovatrice que jadis, attachée à des mœurs et des formules fixées il y a plus de vingt ans ; je ne vois guère de secteur où cette impression ne me frappe pas.

Mathieu Bélisle

Je crois qu'il n'y a pas de crise *propre au présent*. L'étude de la littérature permet par exemple de constater que les XVIIe et XVIIIe siècles fourmillent de constats de crise en tous genres : crise de la tragédie, crise de la poésie, crise de la langue, crise de la littérature. Le roman, aux dires des principaux intéressés, entre quant à lui dans une phase prolongée de crise qui s'étend de la fin du XIXe siècle jusqu'au milieu du XXe, et y replonge apparemment vers la fin du XXe siècle. En fait, je pense que l'on peut étudier les discours portant sur n'importe quel objet culturel, et faire à peu de choses près les mêmes constats.

Il n'empêche, bien sûr, que je reconnais que l'idée de crise est concomitante à la civilisation occidentale, et qu'elle participe de ce que j'appellerais une *mythologie crépusculaire*. J'entends par mythologie crépusculaire un ensemble de discours dont la mission essentielle est de formuler des diagnostics sur la condition de la culture, de la nation ou de la civilisation et qui, sous le couvert de la rationalité, élaborent en réalité une topique croyante nourrie par les affects. Ainsi, je pense que la mythologie crépusculaire fait des adeptes, au même titre qu'une religion, qu'un mouvement d'avant-garde ou qu'une idéologie nouvelle, et qu'elle peut, à certains moments, connaître un succès plus ou moins important parmi les membres d'une classe intellectuelle donnée. [...]

À mon avis, plutôt que de se demander s'il y a bel et bien une crise de la culture, il faut s'interroger sur les raisons qui motivent plusieurs personnes, parmi les plus influentes, à adhérer à cette topique croyante proche de l'éloge funèbre, alors qu'elles pourraient s'attacher à l'élaboration *vivante* de cette même culture.

France Boisvert

La crise n'a pas encore atteint son pic (paroxysme) dont la désorganisation de la jeunesse est le signe tangible. Cette fragilisation des jeunes se voit au décrochage scolaire, à la montée de l'illettrisme, à l'aggravation du taux de suicide et, enfin, à l'exacerbation de la petite délinquance dont les gangs de rue ne constituent qu'un épiphénomène en train de s'instituer à plus grande échelle. Cet ensemble de troubles fonctionnels témoigne de la marche inexorable vers l'effondrement des structures sociales, aboutissement ultime de la crise de la culture occidentale.

Personnellement, je suis toujours étonnée de voir que la société fonctionne encore malgré ce que j'ai décrit plus haut, sans parler de l'étalement urbain (ce repli de la petite bourgeoisie dans les banlieues semi-urbanisées) et l'éclatement de la famille nucléaire, voire de sa recomposition en agrégats multiples qui se désintègrent tout aussi rapidement qu'ils se sont constitués. [...]

L'absence d'autorité est un truisme qu'il est loisible de répéter mais il ne s'agit pas tant d'absence d'autorité que de sa perte, c'est-à-dire qu'*il y a continuellement un travail de sape envers toute tentative d'établissement de quelque autorité que ce soit*, sur le plan de la connaissance, comme sur le plan législatif. [...]

La transgression des règles établies tue le jeu social dont il ne reste plus qu'un damier rayé par le déplacement erratique des pièces, en allées au hasard ou saisies suivant l'humeur des lobbys en place. La crise de la culture occidentale mène à quelque célébration du désordre, une *dyonisie* s'étalant à l'échelle planétaire. [...]

La gestion de cette information démultipliée crée un engorgement politique, philosophique et culturel qui noie toute pensée critique. Chacun est garrotté par ce trop-plein ingérable qui finit par le décerveler et, ultimement, désintégrer le processus de la pensée inhérent à la logique établissant de la cohérence dans le chaos du monde connu.

Par ce « trop », on arrive au même résultat qu'avec le « pas assez » de l'État fasciste niant toute conscience individuelle (au profit de la création d'une population massifiée) et pratiquant la censure : le citoyen débordé d'informations s'avère complètement démuni et ne peut organiser aucune opposition à ce qui lui est donné à profusion. [...]

Je pense que cette crise de la culture se confond avec la crise du sujet et annonce respectivement et leur effondrement et leur déconstruction. Je pense qu'on est à l'aube d'une nouvelle appréhension du monde, d'une planète qui se présente sous un mode alphanumérique auquel se joint l'image et le son. Ce qui est neuf, c'est la production de mirages comme autant d'hologrammes oasiens.

Luc Bureau

Est-ce que la crise culturelle actuelle est plus générale ou plus profonde qu'à d'autres époques ? Il est possible qu'il en soit ainsi. Les changements qui s'accomplissaient naguère sur de très longs termes s'accomplissent aujourd'hui dans des laps de temps de plus en plus courts. Nous ressentons une nostalgie lancinante de ces temps où les mutations s'opéraient sur de si longues périodes qu'on les percevait à peine. Nous souhaiterions nous reposer un peu. Nous ressentons une sorte de « fatigue culturelle ». [...]

Au Québec, le cas est sans doute encore plus sensible : les changements culturels « normaux » qui auraient dû (ou pu) s'accomplir dans le passé ont été d'une certaine manière bloqués. Nous subissons donc une double accélération. Aucun domaine de la pensée ou de l'activité humaine n'a été épargné : travail, religion, famille, valeur... Nous payons le prix de notre sommeil prolongé.

Jean-François Chassay

Tous les dix ou quinze ans, on découvre que la langue, l'éducation et la culture sont dans un état pitoyable. Dans mon domaine, en littérature, je peux dire que le développement d'Internet est une nouvelle excuse pour annoncer la mort de la littérature… annoncée depuis toujours. De ce point de vue, je dirais que la nostalgie (et le narcissisme qui l'accompagne souvent) est un terrible cancer qui empêche de penser […]. Il ne s'agit pas de faire preuve d'un optimisme à tout crin, mais de constater l'extraordinaire déploiement de savoir et de connaissance qui existe aujourd'hui. Je ne suis pas, foncièrement, quelqu'un d'optimiste. Mais j'ai fait depuis longtemps mienne la proposition du philosophe italien Antonio Gramsci : « Il faut lier le pessimisme de l'intelligence à l'optimisme de la volonté. »

Claude Corbo

Par la négative, on peut dire que, plus s'appauvrit le contenu culturel de l'éducation, surtout au primaire et au secondaire, plus on consent à livrer les nouvelles générations désarmées et incapables d'un regard critique au flot envahissant de la culture commerciale fabriquée par les industries dites culturelles. L'insistance sur l'étude de l'histoire et sur l'enrichissement culturel du curriculum répond à une volonté de démocratisation de l'accès à la culture et de la capacité de porter un regard critique et, donc, libérateur de l'individu sur le monde dans lequel il baigne. Ce qu'on appelle la « culture élitiste » ne constitue pas, en soi, une réalité antidémocratique ; ce qui est profondément antidémocratique, c'est de priver les nouvelles générations des moyens d'accéder à cette culture et c'est d'en faire les consommateurs passifs et exploités d'une culture commerciale aliénante.

Isabelle Daunais

Le terme de crise me semble mal choisi pour décrire le phénomène auquel nous assistons depuis plusieurs années et que j'appellerais plutôt un aplatissement de la culture, au double sens du terme : elle s'étend à toute chose sans distinction et elle est devenue complètement anodine. L'idée de crise laisse entendre que le problème est aigu et vif. C'est tout le contraire, il est complètement diffus. […]

Le monde dans lequel nous vivons est inédit et sa nouveauté est justement d'exclure toute possibilité de crise réelle, c'est-à-dire de véritables
bouleversements. Dans un monde efficace (comme le nôtre), tout a sa solution. [...]

L'aplatissement de la culture tient au processus général d'indifférenciation de toutes les choses que nous connaissons actuellement et qui est un
avatar, sans doute, de la démocratie (d'une démocratie mal comprise). En
confondant, par exemple, littérature et jardinage, philosophie et décoration
intérieure nous abolissons toute différence entre les objets, les disciplines,
les façons de penser. Au moment même où nous encourageons le respect
des différences, nous n'avons jamais été aussi loin d'accepter véritablement
l'idée de différence, qui suppose la capacité à juger et à hiérarchiser.

Daniel Ducharme

Je constate, de manière plutôt impressionniste, que les cultures nationales
me semblent encore être bien vivantes et qu'elles sont encore loin d'être
sacrifiées sur l'autel du marché. J'oserais même affirmer qu'elles résistent
plutôt avec vigueur à la logique implacable de l'économisme triomphant.
Pour s'en convaincre, on n'a qu'à penser à la difficile construction d'une
Europe qui ne serait pas qu'économique, mais aussi politique, sociale et culturelle. L'euroscepticisme est bel et bien présent. Les modèles d'organisation
de chaque nation constituent un obstacle de taille à ceux qui voudraient
faire de l'Europe un vaste marché. Entre le républicanisme à la française
ou à l'espagnole, la démocratie parlementaire à la britannique ou encore le
fédéralisme à l'allemande, il y a de véritables fossés qui, loin de n'imprégner
que la classe politique de chaque pays, s'inscrivent durablement (depuis
des siècles) dans la manière de penser de tous les membres de chacune de
ces nations. [...] Il me semble que la confrontation de ces modèles ne fait
que renforcer l'expression identitaire de chaque population nationale et
contribuer à maintenir des frontières identitaires entre les peuples.

Francis Dupuis-Déri

La culture est bien vivante en Occident. Si l'on prend des régions comme
l'Europe du Sud, l'Irlande et les États-Unis, la religion [y] est très bien
implantée et constitue une structure institutionnelle qui permet une repro-

duction de la culture. Même dans les régions laïcisées, les valeurs judéo-chrétiennes sont encore dominantes en matière de définition des valeurs officielles. [...]

La valeur de la « liberté » et du respect de l'autonomie individuelle est un des piliers de la culture occidentale : conséquemment, il est normal qu'il y ait une tension qui pousse à la transgression et à la restructuration permanente des normes et des valeurs culturelles. La culture occidentale, en quelque sorte, est une culture qui par son individualisme favorise et encourage la remise en cause des dogmes culturels. Il ne s'agit pas tant d'une crise que d'une dynamique constituante de cette culture individualiste et libérale.

Michel Freitag

[La crise] est « intense », « profonde », ou encore « structurelle » et « radicale » dans le sens qu'elle affecte le sens même du concept de *culture* en tant qu'il désigne l'ensemble des productions et représentations symboliques ; cette crise de la culture correspond à la destruction ou dissolution (ou encore à la « déconstruction ») de toutes les formes propres d'intégration synthétique des références significatives communes, et elle va de pair avec la dissolution parallèle de la réalité correspondant au concept moderne de la *société*, entendue dans ses modalités non seulement culturelles, mais aussi politiques et institutionnelles de constitution. Comme on peut aussi parler de « civilisation » pour désigner la conjonction des dimensions culturelle-symbolique et sociétale-fonctionnelle, cette « crise de la culture », inscrite dans une crise de la société, peut aussi être désignée, au sens fort du terme, comme une crise de civilisation (de la civilisation « moderne », « occidentale », etc.). [...]

Les manifestations en sont nombreuses, mais sa nature est relativement simple ou univoque. Je relèverai parmi ces manifestations la perte d'autonomie du champ culturel-symbolique (mais aussi du champ politique) à l'égard des systèmes économiques et technologiques qui s'en sont d'abord émancipés ; la « manipulation » systématique, notamment publicitaire, des contenus culturels transformés en « produits culturels » dans une perspective de production et de consommation de masse ; la fragmentation indéfinie des formes de synthèse significative en dehors desquelles il n'y a pas de culture commune ni d'univers de sens commun ; l'autoréférentialisation du signifiant à travers l'immédiate opérationnalisation des signes (qui comporte l'abandon des principes de réalité et de la représentation objective ;

exemple : l'univers virtuel qui se déploie dans la « communication », dans l'économie, dans la biologie, dans la formation de l'identité). Il faut noter que cela touche aussi bien ce qu'on désignait comme « culture commune » et comme « haute culture », que le politique, l'économique, le scientifique, et même le niveau de l'expérience existentielle et celui de la transformation du monde. Il s'agit donc d'un même problème structurel et global de « civilisation » qui affecte tous les aspects, toutes les dimensions de la vie individuelle et collective parce qu'il touche au caractère signifiant de l'action humaine et donc aux formes signifiantes de son orientation, de sa régulation et de son intégration collective. [...]

Cette transformation a été préparée, dès la seconde moitié du XIXᵉ siècle, par la crise radicale des idéaux de la modernité (Nietzsche, etc.), et elle a ensuite été accompagnée théoriquement par les philosophies « postmodernes » antihumanistes de la déconstruction et de la mort du sujet, en même temps qu'elle se trouvait légitimée et propulsée par les nouveaux paradigmes structuralistes, informationnels et cybernétiques qui supprimaient toute distance ontologique entre le monde naturel, le monde biologique, le monde humain et le monde des « machines » devenues « intelligentes » à mesure que l'intelligence humaine se trouvait elle-même redéfinie à partir de critères purement opérationnels (principe de Turing). Comment alors parler encore de « culture » au sein d'une telle « structure » ou plutôt d'un tel « système » ? [...]

Je pense que nous vivons le moment ou bien le point d'aboutissement d'une crise globale de la « civilisation moderne », où la « modernité » ne se survit que de manière opérationnelle, dans l'abandon ou l'inversion de toutes ses valeurs fondatrices, en l'absence de sens. De plus, cette crise ne concerne pas seulement une civilisation particulière (toutes les civilisations sont mortelles !), mais l'existence même du monde naturel et symbolique où nous vivons. La chose à faire est d'abord d'arrêter le cours destructeur de cette dynamique de crise, de son accélération ; en tout cas de le ralentir assez pour nous redonner le temps de penser, de réinventer un autre « mode de vie » et, ultimement, d'autres désirs. Le temps presse, mais la situation n'est pas encore désespérée, et la principale raison de cet espoir réside dans le fait que le mouvement de crise résulte lui-même très largement d'interventions idéologiques sur lesquelles nous pouvons réagir individuellement et agir collectivement. L'idéologie néolibérale ainsi que les idéologies culturelles, technologiques, organisationnelles et opérationnalistes postmodernes auxquelles nous nous sommes abandonnés ou soumis depuis une quarantaine d'années peuvent être mises en cause ici très directement : elles doivent être critiquées, dénoncées et rejetées. Cela nous donnerait collectivement le temps de reprendre contact avec les constantes ontologiques qui soutiennent encore la réalité de ce que nous sommes et de ce qui existe encore hors de nous, c'est-à-dire en soi-même en dehors de notre capacité directe d'action.

Jacques Godbout

Non, je ne crois pas que la culture au Québec — ou dans les sociétés occidentales en général — se trouve particulièrement en état de crise. Une culture vivante est en perpétuelle mutation, et c'est tant mieux. D'ailleurs de quelle culture parlons-nous entre intellectuels? De celle que chaque génération souhaite conserver et transmettre, donc de mémoire, d'histoire, d'œuvres partagées. Il peut y avoir, à ce sujet, apparence de crise : les jeunes gens aujourd'hui ont accès au monde entier et ne sauraient accorder à la littérature classique, par exemple, l'importance qu'on lui réservait au milieu du XXe siècle. Le livre n'est plus seul.

Je suis né dans un curriculum du XIXe perpétué par les pères Jésuites. Mes petits-fils habitent un autre monde, une nouvelle morale, et possèdent des références scientifiques du XXIe. Des auteurs peuvent s'en désoler, proposer des correctifs, établir des listes d'œuvres essentielles, mais personne ne reculera dans le temps. Ce n'est pas la culture qui est en crise, ce sont les auteurs nostalgiques.

Sharon Gubbay-Helfer

Selon moi, la crise que nous vivons est une crise de transition, donc une période de tensions et d'ouvertures créatrices aussi bien qu'une période de questionnement, de déchirements et de souffrance physique et morale. Mes idées là-dessus sont en évolution, donc les réponses que je propose ne sont que provisoires. [...]

L'image qui me vient à l'esprit est une brisure, des frontières brutalement défaites, la fragmentation... quelque chose qui pourrait correspondre à la fission de l'atome. La brisure dont il s'agit comprend celle des mythes fondateurs du monde occidental : mythes des religions, de la colonisation, du rôle des sexes. Cet éclatement des mythes a produit un clivage entre le passé et le présent; notre sens d'identité individuel et collectif s'en trouve modifié. [...]

Sur le plan individuel, il y a ambiguïté des définitions dans les catégories les plus intimes de l'identité : le corps même est remis en question. Morceaux remplaçables, hybridité, où se loge l'identité?

Naïm Kattan

Cette crise est intense. Elle est toutefois diffuse, ce qui fait qu'on n'en ressent pas l'acuité.

L'avenir semble bloqué. Aucune idéologie n'est présente qui indique une voie d'avenir comme ce fut, par exemple, le cas du marxisme. La voie du passé semble tout aussi bloquée. Le colonialisme et, plus tard, le nazisme, le fascisme et le communisme rendent le passé occidental imprégné de culpabilité. Les développements scientifiques et technologiques ne sont pas toujours positifs et invitent à la prudence, voire à la méfiance. Les pays sous-développés ne peuvent pas percevoir le chemin qui conduirait à un meilleur avenir, d'où le recours à un passé glorieux comme c'est le cas de l'islamisme. Retourner fidèlement au passé apparaît comme une solution qui, en plus de n'être nullement vérifiable, conduit à la régression. En Occident, la famille est disloquée et les bases d'une société qui semblait gouvernée par des valeurs sont secouées quand elles ne sont pas détruites. [...]

Le Québec semble en meilleure condition que les autres pays d'Occident. La prospérité est tangible, mais le souci des autres est plus prononcé. Il existe une harmonie sociale entre groupes différents et surtout une absence de violence. Si Montréal peut continuer sur sa lancée et permettre de vivre les différences, notre ville peut devenir un exemple dans le monde. Mais il ne faut pas cesser de s'inquiéter, car cela peut être fragile, d'où la nécessité de vigilance.

Benoit Lacroix

Pour créer un pays, une société, il faut des institutions durables, et il est à noter que les « vieilles » Églises sont des lieux permanents de réflexion et de re-naissance. Leur longue expérience les rendent plus crédibles encore que les gouvernements qui passent. Elles ont le courage de proclamer l'idéal et de le défendre au besoin, tandis que les gouvernements sont davantage intéressés par le pouvoir que par le service.

Les Églises procèdent par réformes et non par révolutions. Significatif.

Monarchiques d'inspiration, elles invitent davantage au respect des normes qu'à l'improvisation démocratique. Elles acceptent mal comme elles administrent mal le provisoire. Dès que ces mêmes Églises deviennent trop normatives, elles risquent la désaffection et le rejet de leurs lois. En oubliant de « prêcher » le mystère, elles oublient le respect des cheminements de la conscience personnelle. Grave erreur de perspective. [...]

Une nouvelle Renaissance s'amorce que révèlent l'histoire sociale des dernières années et la recherche de sens dont nous avons déjà parlé. Du point de vue religieux, la présence d'autres croyances, l'influence des spiritualités orientales et la rencontre culturelle des autres peuples promettent le meilleur. Les religions locales profiteront de ce mixage plus que de l'œcuménisme strictement chrétien. Rien de mieux à l'âge de la mondialisation que de s'interroger de nouveau sur son identité. [...]

Le Québécois est exposé aux quatre vents, sans autre référence essentielle que celle d'un vague sentiment d'appartenance. Le monde lui paraît anonyme, inaccessible. L'homme d'ici a besoin de *sa* terre. Le développement des moyens et des lieux de communication crée les illusions de la proximité. Jamais si proches, et pourtant si loin. On se parle à distance, on se voit à distance. Risques des solitudes. [...]

Le Moi (« j'ai le goût ») devance la norme objective, jusqu'à croire à son authenticité. Donc réductions inévitables de l'univers traditionnel. Tentations totalitaires à tout basculer du passé. La conception ecclésiastique d'une histoire à longue durée ou « la route du grand large » est remplacée par des études de l'immédiat sur le terrain.

L'histoire ne recommencera pas. Après le Moyen Âge de 1534 à 1960, voici *notre Renaissance.* Un nouvel humanisme naît, encore mal défini, qui est fait de rencontres entre l'esprit français, la réalité nord-américaine et l'exemple évident de la ténacité amérindienne. [...]

La présence reçue de ces Premières Nations nous enseigne que nous devons prendre soin de nos terres et forêts. Grâce à eux, de nouvelles définitions du pays sont possibles. Après les deux nations fondatrices, en voilà une troisième et bientôt une quatrième, le « peuple » des immigrants. [...]

La manière dont les Québécois acceptent généreusement la diversité culturelle — dont ils reçoivent d'autres traditions spirituelles — nous laisse percevoir un Québec culturellement renouvelable.

Maurice Lagueux

La notion de crise me paraît trop dramatique pour caractériser une situation qui ne me semble pas se démarquer par des traits particulièrement catastrophiques par rapport à ce qui l'a caractérisée historiquement. Bien sûr, on peut dénoncer nombre d'orientations observées dans l'état actuel de la culture. On peut aussi constater une dispersion des valeurs culturelles, par opposition à la relative unanimité qui a caractérisé d'autres époques. Mais ce ne me semble pas être là des éléments qui permettent de parler de crise. À bien des égards, la culture de notre époque s'affirme de façon particulièrement nette. On parle beaucoup aujourd'hui de la vigueur du cinéma québécois, mais en d'autres domaines moins médiatisés (ce me semble, en particulier, être le cas de la pensée philosophique), l'activité est tout aussi intense et en nette progression par rapport aux décennies antérieures. [...]

On peut parler d'une période de recherche de valeurs nouvelles marquée par diverses hésitations. Peut-être, mais seul l'avenir le dira. Peut-on parler d'une période de transition ? Il est vrai qu'on constate en divers contextes un certain désabusement à l'égard de valeurs qui se sont imposées dans le passé, mais, dans le monde culturel, cette situation ne me semble pas vécue comme un cul-de-sac. Il est aussi vrai que dans divers secteurs du monde artistique, on ne sait plus comment définir les orientations nouvelles ; c'est le cas, par exemple, en architecture où le mouvement postmoderne des années 1980 est jugé tout aussi dépassé que le mouvement moderne qui l'avait précédé. Toutefois, cette incapacité manifeste à définir ce qui se fait présentement va de pair, depuis les années 1990, avec une production de qualité qui me semble supérieure (ou, à tout le moins, sûrement pas inférieure) à celle qui a caractérisé les deux époques antérieures où l'on s'inscrivait d'emblée dans un mouvement mieux défini.

Marie-Andrée Lamontagne

Dans toute société, à toutes les époques, il existe un noyau dur formé de « fervents » (grands lecteurs, mélomanes, amateurs d'art, etc.). En terme de nombre, ce noyau a-t-il varié, créant ainsi une situation de crise ? On peut penser que ce noyau va en diminuant, à en juger, et pour s'en tenir à ce seul indicateur, par une récente enquête sur la lecture en France (Sondage Ipsos-*Livre-Hebdo*, n° 506, 21 mars 2003) [...].

Cependant, ce noyau dur peut encore ne pas se sentir touché par le discours sur la crise de la culture, puisque l'offre culturelle est toujours présente, et est sans doute plus abondante que jamais, même si la situation à Montréal (pour s'en tenir à la métropole) ne saurait être comparée à l'offre culturelle dans les grandes capitales européennes. [...]

Le second ordre de culture relève de tout ce qui gravite autour de ce noyau, et que j'appellerais la culture démocratique. À d'autres époques, la réflexion sur le sujet a pu faire jouer l'opposition culture savante (et humaniste) et culture populaire. De nos jours, la distinction ne tient plus autant, sous la poussée des artistes et des œuvres qui s'amusent à jouer des deux registres et à brouiller les signes.

La culture démocratique obéit presque toujours à la loi de la reconnaissance médiatique, ici entendue au sens large de tout commentaire qui agit comme truchement entre l'œuvre et le public, chaque médium, confidentiel ou grand public, jouant sa partie depuis la position qu'il occupe sur l'éventail.

Les manifestations de la culture démocratique vont de la grande exposition qu'il faut avoir vue au tourisme culturel de masse, en passant par le film ou le livre dont tout le monde parle, aux festivals, etc.

La culture démocratique n'a que faire du rapport privé, intime, grave et réitéré, qui naît du tête-à-tête avec l'œuvre. Sa loi est le nombre. Son ennemi est le temps. Ses manifestations bruyantes ont pour elles l'exubérance de la fête, l'écrasante supériorité des moyens, le caractère incontestable des réussites, et jusqu'à la vertu : qui pourrait être contre la démocratisation de la culture?

Ce qu'on appelle crise de la culture vient peut-être du choc entre ces deux ordres de réalité, dont la cohabitation est rendue plus difficile, dès lors que l'ignorance réciproque n'est plus possible. Constamment, la culture démocratique impose bruyamment ses choix et vient parasiter le paysage culturel, gommant au passage chaque fois un peu plus de sa diversité. Constamment, la culture du « noyau » doit sortir de son quant-à-soi et trier, rejeter, accepter les objets culturels qu'on lui met sous les yeux, non sans être guettée, au passage, par l'autisme qui résulte d'un durcissement des positions.

Frédéric Lesemann

Au plan de l'expression artistique au Québec, individuelle ou de groupe, on ne peut qu'être frappé par l'incroyable foisonnement des formes d'expression, absolument incomparable avec n'importe quel autre pays développé. Le phénomène s'est, me semble-t-il, considérablement amplifié et diversifié au cours de la dernière décennie avec l'apport de jeunes écrivains, de la danse contemporaine, du multimédia, des groupes de musique de toutes catégories, incluant la musique classique, d'ailleurs, en particulier sous forme de petits ensembles, de festivals de toutes sortes, etc. [...]

Est-ce à dire que la question de l'identité collective, qui au Québec pendant trente ans s'est presque confondue avec celle de la culture, a évolué d'une manière telle que ce lien presque obligé se serait aujourd'hui dissous? Je le pense. Et je pense aussi que cette évolution est positive en ce qu'elle ouvre tout grand un espace de possibilités de nouvelles expressions culturelles qui sont effectivement déjà là, extrêmement dynamiques, et en plein essor, à partir du moment où l'on a la disponibilité d'esprit pour les considérer comme telles. Si ce commentaire a du sens, on pourrait alors penser que la lecture — si elle existe — d'une culture « en crise » au Québec serait peut-être liée au constat du déclin des questionnements relatifs à la culture, traditionnellement élaborés au cours des années 1960-1990 en référence à la « question nationale ». À cette hypothèse, j'ajouterai encore que le fait de vivre à Montréal, métropole inscrite culturellement dans les processus de mondialisation de la culture et d'expression d'une culture à la fois locale/nationale *et* mondiale, permet probablement de prendre davantage la mesure des transformations en cours, sans développer pour autant ni une nostalgie ni une rancœur à l'égard d'une représentation collective de la culture étroitement associée à la question nationale qui a prévalu pendant trois décennies, mais qui est maintenant chose du passé.

Andrée Lévesque

En tant qu'historienne, je suis consciente que les penseurs des générations passées ont souvent fait état de la crise culturelle qui marquait leur époque. Je crois cependant, pour les raisons mentionnées ci-dessous, que la présente crise est qualitativement et quantitativement beaucoup plus profonde : étant globale elle touche tous les citoyens et citoyennes, et elle traverse toutes les manifestations de la culture dans tous les sens du terme. [...]

La culture dans un contexte d'économie capitaliste n'est pas nouvelle mais elle s'est exacerbée jusqu'à atteindre des caractéristiques jamais égalées. Elle se manifeste d'une part par un individualisme généralisé, et d'autre part, ce qui peut paraître paradoxal, par un grand mouvement d'homogénéisation, de manque de choix souvent sans même qu'on s'en rende compte. Ainsi, on partage/subit deux courants en concurrence : un nivellement et une diversité.

Andrée-A. Michaud

Je me permettrai de contourner quelque peu la question pour faire d'abord une distinction entre culture de masse, culture dite non populaire et culture marginale, ces deux dernières formes d'expression, par définition, ne s'adressant pas à la masse ou ne parvenant tout simplement pas à susciter son intérêt. Si l'on exclut donc la culture de masse, je ne crois pas qu'on puisse parler de crise, puisque la culture non populaire a toujours évolué dans la marge, dans des conditions difficiles, sans le soutien ni la reconnaissance qu'elle aurait été en droit d'espérer. Je ne dis pas que cette situation est normale ni qu'elle doit perdurer, je dis seulement que la situation des créateurs, de même que la réception faite à la production artistique, n'est ni plus ni moins déplorable qu'elle l'a toujours été, ce qui, de mon point de vue, nous interdit de poser trop rapidement un constat de crise. [...]

Il me semble par ailleurs que, pour parler de crise, il faudrait qu'il y ait préalablement eu ce qu'on pourrait appeler un âge d'or ou, du moins, une période faste dont le déclin permettrait de mesurer l'état plus ou moins critique de la situation en fonction de sa dégradation. Or, si l'on considère strictement la situation québécoise, je ne crois pas que la culture ait connu dans ce pays de période faste, si l'on exclut la période d'effervescence des années 60 et 70, en grande partie due à la montée de certains idéaux nationalistes et à la récente révolution culturelle. [...]

Il m'apparaît enfin difficile de parler de crise dans une société où la production artistique n'a probablement jamais été aussi grande.

Monique Régimbald-Zeiber

Peut-être sommes-nous en état de crise, mais aussi loin que ma mémoire me porte, je ne me rappelle pas de temps sans crise. Étrangement, chaque crise traversée laisse des traces dont nous ne savons pas nécessairement reconnaître la profondeur, occupés que nous sommes à déjà gérer la suivante. Cela m'amène à croire, d'une part, que le constat de crise est nécessaire pour mettre en examen, en cause, en joue, voire en danger, les valeurs, les projets, les buts, les outils, les responsabilités, et les images que nous nous serions donnés. S'il n'y avait pas constat de crise, il n'y aurait pas lieu de se questionner, il n'y aurait rien à changer, rien à vendre. Nous serions condamnés à l'indifférence, à l'inertie et conséquemment mis en péril. La déclaration ou le constat d'état de crise devient une sorte de diagnostic qui autorise, voire oblige la réouverture de nos questionnements. Paradoxalement, cette exacerbation de la conscience, cette tension vers la réflexion et ce désir d'action qui sont les conséquences de la reconnaissance et de l'admission de l'état de crise sont peut-être rendus caducs par la quantité de crises déclarées et le rythme auquel elles se déclarent. Cela serait peut-être une des caractéristiques de notre époque : la quantité et le rythme des crises.

Donc, d'autre part, cela m'amène à constater une sorte d'évidence, à savoir que surgissent ou sont provoquées des crises qui auraient pour fonction d'en créer et d'en masquer d'autres. Enfin, à l'ère des communications, des effets et des extrêmes, nous nous rendons compte que nous ne pouvons pas échapper aux crises des autres. La crise du 11-Septembre aux États-Unis et celle du voile islamique en France en sont des exemples éloquents. Aussi, peut-être avons-nous systématisé et intériorisé les doublets crise/outil et crise/besoin. Nous serions devant et dans une quantité de crises en tourbillon ou en alternance stroboscopique : crise identitaire, crise de conscience, crise économique, crise politique, crise des ressources ou écologique et évidemment crise de la connaissance. Pourtant, la stratégie de l'utilisation de la crise ou d'excès de crises aurait eu pour conséquence d'en provoquer une très profonde et extrêmement dangereuse, celle de la confiance. J'ai nommé beaucoup de crises. Je n'en ai qualifié qu'une seule. Quels sont les signes de la crise de confiance ? Cynisme, opportunisme, désengagement, impuissance, désinvolture, indifférence et la part d'ombre de tout ce qui précède : la peur.

François Ricard

L'existence d'une crise suppose tension, affrontements, débats, remises en question, sentiment de danger ou d'urgence — et une certaine radicalisation intellectuelle. Or, rien de tel ne me semble exister à l'heure actuelle au Québec, où c'est plutôt le calme plat et la perpétuation des mêmes rengaines (dans le champ idéologique et politique comme dans celui de la culture). Une sorte de ronronnement, sur fond de satisfaction et de bonne conscience. L'inquiétude et la critique (je veux dire : la vraie critique) sont à peu près absentes. Les écrivains écrivent, les chercheurs cherchent, les artistes font leurs numéros. Chacun est dans son petit coin et à peu près content du monde tel qu'il est.

En fait, je crois que la crise est *derrière nous,* loin derrière, et que nous en vivons tout bonnement, tout calmement les conséquences ou les échos. Cette crise (celle, au Québec, qui a eu lieu dans les années 1960 et 1970 et qui, pour faire court, a accompagné la modernisation générale et accélérée des institutions, des idéologies et des pratiques sociales), si elle a bouleversé de fond en comble le paysage et ce qu'on peut appeler la conscience culturelle du Québec contemporain, s'est manifestée non seulement par la remise en question de l'ensemble des traditions et des attentes liées à la grande Culture, mais, plus radicalement encore, par leur délégitimation et leur liquidation sans doute définitives. En d'autres mots, cette crise-là, comme toutes les crises, a été marquée par une *rupture* extrêmement profonde ; mais à la différence de la plupart des autres crises, elle n'a pas donné lieu à des « réinventions » ou des « dépassements », mais à une sorte de balayage général de toutes les valeurs sur lesquelles de tels dépassements auraient pu s'appuyer. C'est pourquoi je ne suis pas loin de penser, comme bien d'autres, que ce n'est pas à un « tournant » que nous avons assisté (et participé) à ce moment-là, mais bel et bien à une fin : la fin d'un monde, la fin d'une définition et d'une pratique séculaires de la culture ; et que donc nous vivons aujourd'hui dans l'après, *i.e.* dans la postculture, la postlittérature (pour m'en tenir à mon domaine), ce qui est un contexte aussi particulier qu'étrange, puisque ce qui s'appelait autrefois la culture (art, littérature, théâtre, etc.) s'y poursuit, bien sûr, et même y prolifère mieux que jamais, mais en étant comme vidé de sa substance et de ses repères ; on est ainsi dans un monde de simulacres, de parodies, de faire-semblant.

Jean Richard

Il importe d'abord de définir les termes. J'entends la *culture* au sens le plus large, comme englobant l'économique et le politique tout autant que les sciences, l'éthique et la religion. Quant au concept de *crise de la culture,* on peut aussi l'entendre en bien des sens. On comprend par là de toute façon un changement dans la culture. Mais toute culture vivante est en constante évolution. Parler de crise de la culture, c'est indiquer une évolution anormale par sa rapidité, soit une véritable *révolution culturelle.* Mais encore là faudrait-il relativiser. Car pour ceux et celles qui vivent un tel processus, l'évolution semble toujours plus rapide, plus révolutionnaire. On peut fort bien supposer que des changements culturels, qui dans le passé ont été vécus comme de véritables révolutions, apparaissent aujourd'hui, au regard de l'historien, comme de simples évolutions tout à fait normales. Mais on peut aussi entendre la *crise culturelle* en un sens plus radical : quand une culture semble se défaire, se désagréger, sans qu'une autre forme se présente pour la remplacer. On a alors l'impression de sombrer dans le chaos. Je définirais donc la crise culturelle comme la *désintégration de la culture* ou *l'effondrement de la culture*. Et c'est dans ce sens fort, radical, que j'entends ici la crise culturelle.

Or, entendue en ce sens fort, je ne crois pas qu'on puisse parler aujourd'hui d'une crise de la culture occidentale (y compris la culture québécoise). Il suffit de penser aux principaux éléments socio-politico-culturels. On ne peut dire que *l'économie* occidentale soit en crise. Tout au contraire, loin de la désintégration, on assiste aujourd'hui à la constitution, à l'intégration de nouveaux blocs économiques (par exemple, l'Europe des 25). Il en va de même quant au *politique*. Le principe constitutif est ici celui de la *démocratie*. Or, la démocratie se porte relativement bien en Occident. La preuve en est, d'après moi, que de profonds changements politiques puissent se produire (du socialisme au libéralisme et vice versa) à l'intérieur même des États constitutionnels. On pourrait en dire autant des sciences, de la pratique médicale, des arts.

Guy Rocher

Il s'agit d'une crise des valeurs qui se manifeste d'abord dans un consumérisme gourmand et violent, entretenu par une « science » du marketing extrêmement raffinée et savamment apte à utiliser tous les canaux maintenant ouverts de communication. Ce consumérisme se retrouve dans toutes les pratiques de la vie quotidienne de tout citoyen et, d'une manière exacerbée, dans les pratiques des mafias nationales et internationales. Et c'est en même temps ce consumérisme qui ne cesse d'élargir le gouffre qui sépare les pays riches des pays pauvres, le Nord du Sud, les quartiers des possédants des quartiers des dépossédés.

La valeur de solidarité sociale est en déclin : c'est là que réside à mes yeux le noyau dur de cette crise des valeurs. Je considère depuis longtemps — ayant vécu près de quatre ans aux États-Unis — que ce pays n'est plus, s'il le fut jamais, le pays de l'égalité, contrairement à l'image que l'on veut en donner. L'idéologie dominante est celle du succès personnel dans une course à obstacles sans fin. Tant mieux pour ceux qui réussissent; les autres sont responsables de leur infortune. C'est cette idéologie qui nous gagne ici, au Québec, et dans le reste du monde. Elle s'affiche ouvertement dans la pensée néolibérale qui a transformé des conceptions de vie issues de l'activité économique en valeurs fondamentales et supposément universelles et « humanitaires ». La personne humaine est muée « en individu »!

Yannick Roy

Je dirais que l'« intensité » de la crise est faible, mais qu'elle est d'autant plus « grave », parce qu'elle est pour cette raison même pratiquement imperceptible, et parfaitement conciliable avec une impression de grande vitalité que ne cessent de nourrir les discours officiels (ministères de la Culture, radio et télévision publiques, festivals, regroupements d'artistes, journaux, etc.), dont une écrasante majorité de nos contemporains sont dupes. [...]

Il n'y a pas de culture sans transcendance, mot qui doit être entendu ici dans un sens aussi concret que possible; il n'y a pas de culture, autrement dit, si rien ne dépasse l'individu, si rien n'est plus important que son bien-être et la satisfaction immédiate de ses besoins. Rien n'est plus étranger à l'idée que je me fais de la culture que la notion de plaisir dont on ne cesse de nous rebattre les oreilles dès lors qu'on prétend parler aujourd'hui d'art, de littérature, ou même de philosophie; il n'y a pas d'autre horizon à cette « culture » que la quête du bonheur ou l'atténuation des souffrances [...].

À vrai dire, il me semble non seulement impossible de remédier à la présente « crise », mais même de seulement s'y opposer, aussi bizarre que cela puisse paraître. C'est en chacun de nous que la culture se meurt, et le mieux qu'on puisse faire est d'en être conscient; au fond, nous sommes tous profondément d'accord avec cette mort, et nous ne pouvons pas souhaiter sincèrement qu'elle n'ait pas eu lieu. [...]

Si le Québec, sous ce rapport, se distingue des autres sociétés occidentales, c'est parce qu'il est plus avancé, plus progressiste, plus branché, plus ouvert, plus « cool », c'est-à-dire, fondamentalement, plus idiot. Peut-être est-ce attribuable au fait que la modernité y est apparue assez tardivement, et qu'elle y a déferlé d'un seul coup, d'où le sentiment qu'il faut encore aujourd'hui, au Québec, faire preuve d'un détachement et d'une désinvolture plus purs et plus exemplaires qu'ailleurs à l'égard de toute tradition.

Mauricio Segura

Percevoir des faits de société sous forme de « crise » est une manière de penser très occidentale. En fait, chaque période occidentale voit ses phénomènes particuliers sous forme de crise, surtout depuis le siècle des Lumières. Les exemples abondent. Le terme de crise établit une métaphore médicale implicite. La société est un corps atteint d'une grave maladie et il faut guérir ce corps. Voilà un problème épistémologique. [...] Pourquoi posons-nous toujours nos faits sociaux en terme de crise? Serait-ce parce qu'à l'origine les sciences humaines se sont constituées en puisant dans les sciences dites pures, en particulier la biologie? [...]

Un constat global est périlleux, mais essayons tout de même. Je ne crois pas que nous passions par une « crise ». Je crois que nous traversons une période de transition, caractérisée à la fois par un certain scepticisme et un retour à des éléments du passé que l'on adapte au présent (tradition, spiritualité, morale). [...]

Il n'y a pas plus de « crise » aujourd'hui qu'en 1899 ou qu'en 1789. Les sociabilités ont changé, mais nous continuons à les percevoir comme des maladies sociales à guérir.

Emmanuelle Tremblay

Enfin, la vacuité du discours médiatique, sa servilité à la logique des marchés, la politique des universités (et du système d'éducation, par extension) visant à modeler ses objectifs et ses programmes sur des critères d'efficacité quantifiable, la logique politique du court terme, peuvent être, effectivement, symptomatiques d'une crise de la culture en ce sens où cette dernière — dans son caractère institutionnel — court le risque de ne pas être revitalisée par une attitude critique face à l'idéologie qui la sous-tend et au consensus qu'elle génère. Mais est-on là en face d'un nouveau phénomène? Certainement pas. Se trouve-t-il alors intensifié au risque de mettre en jeu la liberté d'expression, les pouvoirs de l'imagination et l'avenir de la pensée? C'est manifestement ainsi que je perçois la crise, malgré mes efforts de relativisation, et compte tenu de la rupture qui me semble caractériser les rapports entre la pensée et la société — qui ne se pense plus. [...]

Il est cependant un autre phénomène qui, d'un autre côté, me semble présenter un aspect extrêmement constructif et enrichissant : l'émergence de la diversité, aux niveaux local et global, qui remet en cause les frontières nationales et avec laquelle l'institution doit composer. Sur le plan de la conception de la littérature, cela me semble une donnée tributaire des manifestations de la crise des cultures nationales extrêmement stimulante. L'éclatement ou la remise en cause des corpus littéraires nationaux, par exemple, permet d'ouvrir le champ de la lecture à d'autres univers de significations en prenant en compte d'autres logiques identitaires non plus basées sur la racine, mais sur le rhizome (Deleuze) comme l'a bien fait valoir Glissant ; ce qui recoupe l'idée du réseau. La crise (ou ces phénomènes afférents) permet, en ce sens, de revitaliser la conception même de la culture non plus réduite à sa définition restreinte nationale, mais entendue comme une possibilité de mise en valeur et de mise en relation de la diversité.

Sylvain Trudel

D'un point de vue personnel, je vis ce qu'on pourrait appeler un « âge d'or de la culture ». Il n'a jamais été si facile pour un Occidental comme moi de se procurer à peu près tout ce qu'il veut (romans, essais, revues, disques, films, etc.), des œuvres de partout et de toutes les époques (et même des œuvres des plus subversives), en un temps record grâce aux bibliothèques, aux librairies, aux (bons) clubs vidéo, aux disquaires, à l'Internet, etc. [...] Je peux fréquenter à ma guise musées, théâtres, cinémas, salles de spectacles et de concerts, etc. Même la télévision, abominable en général, a de petites merveilles à nous offrir pour peu que nous sachions en faire bon usage. [...]

Du point de vue des médias, on assisterait à une « homogénéisation de la culture » ou quelque chose comme ça, mais ce n'est pas si vrai : quand on s'aventure sous la surface apparente des choses, on voit bien que la diversité culturelle est quasiment infinie et que cette richesse est justement soutenue par l'universalisation d'une culture humaine fondée sur la curiosité d'autrui. Donc, la situation actuelle nous responsabilise individuellement, dans ce sens qu'elle exige que nous nous extirpions d'une certaine inertie consensuelle pour accéder à la pluralité de la vie, favorisant ainsi une pratique privée de la culture. [...]

Il me semble que, culturellement, nous sommes idéalement situés, entre Europe et Amérique. À la fois français et étatsuniens, vigoureusement fertilisés par l'immigration et sensibilisés à la complexité des sociétés par nos voyages, nous possédons toutes les ressources pour nous mouvoir intelligemment dans ce monde ambigu — magnifique et infernal.

Laurent-Michel Vacher

Une crise est une phase grave, dangereuse, négative dans l'évolution d'un phénomène. Elle se caractérise par le malaise, les reculs, les régressions, les difficultés, la pauvreté, le déclin, les risques de disparition ou d'anéantissement, le marasme, la pénurie, l'effondrement de la qualité, l'absence de créativité, etc.

Quel que soit le sens exact dans lequel j'envisage le terme de culture, il me semble évident que nous sommes au contraire dans une période de vitalité, d'expansion, d'abondance et d'épanouissement absolument remarquables. Les taux d'alphabétisation et de scolarisation n'ont jamais été aussi élevés. Les œuvres d'art (sous toutes les formes) n'ont jamais été aussi diffusées et accessibles. La quantité de livres publiés atteint des sommets. Les échanges culturels internationaux sont plus riches et variés que jamais. Le nombre et le savoir de nos érudits et de nos spécialistes, que ce soit dans le domaine de la culture humaniste ou dans celui des disciplines scientifiques, n'ont jamais été aussi imposants. Bref, nous sommes à l'ère de la culture triomphante si jamais il y en eut une.

Cela implique certes quelques déchirements qu'on pourrait sans doute qualifier de crises. Crise des traditions — mais n'est-ce pas le propre des renaissances et des expansions d'être novatrices et de bousculer les anciennes idoles? Crise de surproduction et, partant, d'assimilation. Alors qu'un érudit humaniste du XVIIIe siècle pouvait être au courant d'à peu près tout ce qui se faisait à son époque, la chose serait aujourd'hui parfaitement impensable.

Mais ce sont là de simples rançons de l'abondance. Je parlerais donc plutôt d'une crise de croissance que d'une crise tout court. La croissance prime à mes yeux, et de beaucoup, sur la crise.

On me dira peut-être que mon point de vue concerne davantage la quantité que la qualité de la vie culturelle. Dans mon for intérieur, je le nierais avec la dernière énergie.

*   *   *

Ces extraits proviennent d'auteurs ayant souhaité garder l'anonymat:

D'une part, l'emploi du terme « crise », dans des sociétés privilégiées comme les nôtres, me semble toujours démesuré, irrespectueux de ce qu'est une véritable crise (guerre, dépression économique, misère matérielle et

intellectuelle du tiers-monde, sous-scolarisation, etc.). Prendre ses inquiétudes pour une crise, et sonner l'alarme en la proclamant, est une forme
d'introversion répandue — les essayistes français y excellent — qui finit par
enlever son sens à la problématique qu'on cherche à cerner. [...]
    D'autre part, affirmer qu'il y a une crise suppose qu'il fut un temps où
la culture n'était pas en crise. Où? Quand? À l'époque où les exclus de la culture ignoraient en être bannis et où des privilégiés la possédaient en paix?
La sensation de crise qu'affirment certains n'est-elle pas une nostalgie, la
douleur de devoir désormais partager son bien? Bref, soyons économes de
nos drames. [...]
    Poursuivant ma comparaison avec le milieu de l'éducation, je note tou-
tefois que la taille du Québec, géographique et démographique, et sa spécificité linguistique, lui permettent de pousser jusqu'au bout et parfois jusqu'à
l'absurde certaines expérimentations. Nous avons été le pays de la pédagogie libertaire implantée jusqu'à l'autodestruction de l'école ou presque et
nous sommes passés de cet extrême à l'autre, la pédagogie des compétences
qui est la soumission à peu près totale de l'école aux visées utilitaires du
marché de l'emploi. Nous sommes passés du sous-développement culturel
des institutions et des régions à la pléthore des festivals de tout et de rien, à
la reconnaissance de l'« expression » artistique de l'individu comme une
sorte de droit fondamental, à un star-system interne plus influent sur les
mœurs de sa propre société, à bien des égards, que celui des États-Unis. Le
Québec, avec ses frontières psycho-sociologiques délimitées, se présente
souvent comme un laboratoire. D'où, peut-être, l'impression de vivre ici
une « crise » plus grave qu'elle le serait ailleurs.

* * *

On observe, par exemple, une laïcisation de la culture dans son ensemble, ce
qui suppose la mise au rancart (au moins partielle) de l'idéalisme, de l'humanisme, de toute référence à une transcendance. Or, presque toute la culture du passé est fondée sur cette référence. Les jeunes, spontanément, semblent vivre dans une indifférence radicale à l'égard des valeurs séculaires qui
étaient encore celles de leurs parents. Leur rapport au passé est inédit, et ils
n'ont pas à lutter contre lui (ce qui correspondrait à une crise). Ils en font
exactement ce qu'ils veulent. [...]
    Le saint, le génie, le héros, auxquels s'intéressait Max Scheler, ces figures
majeures de l'humanité ne semblent plus appartenir au présent du monde,
mais plutôt à un passé fort romanesque. L'écrivain lui-même, qui mainte-

nant est légion, n'est plus le dépositaire d'un mystère, le prêtre d'une religion de l'existence ou du monde. Plus rien ne fait autorité — Marx, Freud
ne sont sans doute pas encore « dépassés » théoriquement, mais ils ne
répondent plus aux problèmes actuels et si, justement, ils ne sont pas dépassés théoriquement alors qu'ils le sont dans les faits, c'est que plus personne
ne s'impose pour les remplacer. L'effet de Vérité n'est plus possible.

Les valeurs liées à la civilisation de l'imprimé vont sans doute faire
place à d'autres valeurs plus conformes à la civilisation informatique. La
langue, par exemple, sera ramenée à une dimension purement utilitaire,
sera beaucoup moins respectée comme code transmetteur de culture, et la
littérature, comme activité productrice de sens, perdra beaucoup de son
importance.

Comment peut-on avoir quelque foi en l'esprit quand la société se
révèle si évidemment vouée aux seuls déterminismes du marché? L'analyse
de Marx s'avère plus valable que jamais. Et pourtant, Marx s'effondre avec
le mur de Berlin. C'est dire, simplement, que la réflexion n'a plus de prise
sur le réel. [...]

On sent que le monde est peut-être au bord d'une catastrophe, tout au
moins écologique, peut-être financière, sanitaire ou encore militaire — le
choix est vaste! — qui peut être majeure et compromettre sérieusement
l'avenir de l'humanité. Curieusement, l'homme se sent de plus en plus
impuissant devant une telle menace et devient férocement individualiste,
alors qu'une action collective aurait seule des chances de rétablir un certain
équilibre des choses.

On comprend donc les innombrables constats de crise. Mais le mot
crise ne me semble pas tout à fait adéquat. Il suppose que, à certaines
valeurs, on cherche à en substituer d'autres (Picasso, par exemple, a mis en
crise la représentation traditionnelle par l'élaboration d'une autre esthétique, il n'a nullement mis en péril les valeurs de création). Il suppose une
action, intellectuelle ou autre. Je constate plutôt une invalidation générale
des références, des objectifs qui ont fondé l'action des peuples. La crise est
agonique, elle est affaire de lutte. Or, nous sommes passés, sans bien nous en
rendre compte, dans un au-delà de la crise, une sorte de mort du monde.
Situation tout de même confortable, quand on la vit dans son petit coin.

* * *

Je suis loin de croire que nous soyons entrés dans ce que je qualifierai de
stade ultime de la crise de la culture. Toutefois, il existe des signes qui lais-

sent entendre qu'il existe dans notre société et ailleurs de profondes césures dans le processus de transmission et d'actualisation de l'expérience humaine. La faillite du jugement me paraît être le premier et le plus important signe d'une telle crise de la culture. Elle conduit généralement à la confusion des sentiments et des idées chez certains acteurs sociaux pour lesquels il n'existe plus aucune différence significative entre, par exemple, le cynisme et la lucidité, ou bien encore la licence et la liberté. [...]

Dans les domaines qui m'intéressent, ceux des sciences humaines et de la philosophie, la professionnalisation et la spécialisation du métier de professeur sont devenues un refuge pour ceux qui ont cessé d'assumer les risques inhérents aux tâches de l'intellectuel engagé dans la société. Nous avons à nous interroger si, par-delà les prodiges techniques, le fonctionnement d'une université devenue si technocratique ne cache pas une démission générale des élites intellectuelles désormais incapables d'assumer la mission d'expliquer les véritables enjeux sociaux du fait d'une méfiance acquise durement durant le siècle précédent à l'égard de la raison et de sa vieille compagne : la vérité. [...]

Il me semble que l'établissement de la modernité, qui a pu sembler à l'origine être un projet cohérent en toutes ses parties, s'est révélé de fait être la source de crises successives, chaque proposition nouvelle étant suivie de réactions inattendues, voire de tentatives de dépassement des apories se réclamant d'une nouvelle renaissance. Il en va dans cette immense affaire comme si l'accumulation de ces renaissances successives au sein de la modernité avait conduit à une diversification des lieux de tension au sein de la culture, tensions laissées la plupart du temps sans solution définitive et durable. Il s'ensuit que l'aménagement de la modernité paraît inséparable, du moins pour ce qu'il nous est donné d'en savoir actuellement, de ces moments de crises successifs, suivis ou précédés de conciliations passagères.

* * *

Je pense que nous sommes actuellement dans une société qui valorise plus que tout le divertissement et l'illusion du bien-être. Nous avons oublié d'où nous venons, nous sommes noyés dans la culture populaire de masse, la culture médiatique qui favorise tout sauf la réflexion. Et je pense que la situation actuelle est d'autant plus grave que peu de gens semblent véritablement s'en préoccuper.

Cette culture populaire de masse est pour une grande part responsable de l'aveuglement dans lequel nous nous trouvons actuellement. Elle se fait passer pour de la culture, mais n'est qu'une immense machine à endormir l'esprit critique et le désir de dialogue avec nos pairs. [...]

Je trouve que la culture du consensus est une des manifestations les plus inquiétantes de cet état de choses. Surtout au Québec. Il n'y a pas de débats publics d'idées sur les grandes questions qui nous relient, sur la culture, sur la philosophie, ou sur notre existence politique dans l'espace public. La facilité avec laquelle on évacue tout discours intellectuel au Québec me sidère. On prend presque plaisir à dénigrer l'activité intellectuelle.

Je pense qu'on peut dire que nous vivons des temps sombres où il est de moins en moins possible d'ouvrir le dialogue avec nos pairs sur le monde qui nous entoure et dans lequel nous vivons. Chacun semble se retrancher dans une vie privée isolée du monde et ne veut pas être dérangé. Ainsi, le domaine public est devenu le domaine de la non-réflexion, du mutisme généralisé, du divertissement futile et de la consommation effrénée à des fins strictement individuelles. Il n'est plus ce lieu où nous débattons des idées et où nous éprouvons ensemble le sentiment humain que provoque la discussion. Chacun évite la polémique et le conflit d'idées. On efface par le fait même la pluralité des opinions et des discours. La portée politique et culturelle de notre vie s'en trouve amoindrie, et le développement de notre esprit critique, atrophié.

* * *

La culture est toujours en crise selon moi. Je rapproche le terme « crise » des termes « mutation », « changement », « métamorphose » : la culture est un ensemble de langages provoquant, épousant ou faisant état de ces processus de changement plus ou moins brusques, impliquant toujours la nécessité d'une rupture, ressentie comme violente, que l'on peut appeler crise, et qui est la conséquence de cet acteur invisible qu'est le temps.

Dans ce cadre, je dirais que la crise dans laquelle nous nous trouvons est d'intensité moyenne : moins forte qu'au sortir de la Seconde Guerre mondiale ou qu'au sortir de Mai 68, mais plus intense, plus inconfortable que l'image de léthargie qui se dégage des années cinquante, par exemple.

* * *

Je ne caractériserais pas la situation occidentale comme étant en crise globale, mais il y a des lieux de crise : crise des jeunes dont la condition précaire et la jeunesse s'allonge, à certains niveaux, crise du savoir lorsqu'il est envahi par les critères d'utilitarisme et de productivité, d'efficience sociale. Mais des pensées fortes demeurent, un conflit sain des interprétations du monde justement. Le discours sur la crise est fréquent depuis les années 1980, il renvoie à des moments de crise économique — réels et qui jettent des individus dans la précarité —, à des tensions géo-politiques très vives, à une déculturation — réelle, surtout en regard d'une culture classique. Cela dit, ces discours déploient toujours une « rhétorique » de la crise généralisée, qui s'apparente au style de la tragédie grecque. Pour écrire de la sorte, il faut manier la thèse avec vigueur, en étant du type essayiste par exemple. Il faut, je crois, analyser le style littéraire, le climat philosophique ou spirituel, à l'horizon de ces discours décrétant une crise de la culture occidentale. Un philosophe a dit que les pessimistes sont les personnes qui attendent le plus de la vie et du monde, ils portent une telle espérance, une telle attente, qu'ils sont toujours déçus.

* * *

Il y a une crise de la culture non pas au niveau des particularismes ethniques, mais bien en termes d'*hégémonie des valeurs proposées* (que ce soit au Québec ou partout dans le monde occidental) : d'abord, la performance à tout prix, qui implique des notions de gagnants et de perdants, et de plus en plus de vitesse, de stress, et donc de frustration, de tension et de violence. Ceci a des effets dramatiques pour tout le monde, tant dans le sport que dans l'éducation, tant sur les relations entre les gens que sur la santé. Ensuite, je crois que cela se traduit aussi par une étroitesse d'esprit et d'idées, créant ainsi un mal-être généralisé étant donné qu'il est extrêmement difficile de trouver un équilibre dans son quotidien et les exigences liées à la performance, entre ce que l'on est et ce que l'on est censé être.

Cesser de tout gérer avec des paramètres purement économiques et à court terme, en allant jusqu'à faire voter des lois afin de restreindre l'influence des multinationales et des corporations sur le politique.

* * *

C'est un lieu commun de dire que, de façon générale, la société actuelle est en crise ; il en va de même pour la culture. C'est le propre de la société occidentale de croire que la période présente se caractérise par une crise sans précédent, et ce depuis plusieurs siècles. Cette mentalité « apocalyptique » peut connaître un essor particulier lorsqu'on atteint la fin d'un siècle (ex. « fin de siècle » XIXᵉ, bogue de l'an 2000), mais se retrouve à toutes les époques. Au plan de la culture, les exemples sont nombreux : la fin du roman à l'arrivée de nouveaux genres, la fin du livre lors du développement de l'informatique, la fin de la peinture, la fin du cinéma, etc. Comme à chaque période, des changements modifient notre conception de la culture ; ceux-ci génèrent à la fois l'enthousiasme (sentiment d'entrer dans une « nouvelle ère », de révolutionner positivement, de faire table rase) et l'inquiétude (sentiment de crise, peur de la transition, anticipation de la fin). [...]

Personnellement, je remarque une augmentation des manifestations culturelles liées aux nouvelles technologies. Au plan cinématographique, l'accès aux films indépendants ou avant-gardistes est favorisé par l'apparition de multiples festivals de longs et de courts métrages (FCMM, FIFA, pour ne nommer que ceux-ci), de nouvelles associations (Kino Québec), de nouveaux cinémas alternatifs (l'Ex-Centris, à Montréal). En ce sens, la diffusion du cinéma ne me semble pas en crise et ces événements ont un franc succès au niveau de la participation du public. En ce qui concerne le cinéma populaire, de récents succès internationaux ont créé une vague d'espoir sans précédent. Il me semble que les disciplines artistiques deviennent de moins en moins cloisonnées, ainsi nous assistons à l'émergence d'œuvres multidisciplinaires, qui se nourrissent d'influences d'ici et d'ailleurs. La culture m'apparaît de plus en plus accessible grâce à l'Internet et à sa diffusion dans la presse écrite. Elle n'est plus seulement réservée aux élites et nous avons l'embarras du choix.

∗   ∗   ∗

Not a crisis per se, particularly in reference to Quebec. A cultural crisis, as I understand the term, indicates a state in which a society perceives that its cultural values, aspirations and/or practices are no longer relevant for the modern world and may in fact play an antithetical role. There are points of disjuncture in the society — some as a result of changing institutions, some as a result of emerging and more vocal subculture groups (i.e. ethnic and lifestyle groups) — but the basic glue of the society remains. Culture is an organic entity which must continually evolve, adapt and change. Clearly during periods of change cultures must adapt and in the process different subcultures develop and offer alternative understandings/explanations of the world. But crisis is not simply change — even if that change is uncomfortable — but rather a critical point in which survival itself is at stake. I do not think that we have reached that point. [...]

In Quebec, unlike in the US, there is a general consensus about the values of the society. In the US there is a different situation with clearly a battle between conflicting values, such as secularism versus conservative religion, individual freedom versus group solidarity, humanitarian versus materialism. In Quebec even where there are dramatic or extreme differences in the culture there are overlapping connections (family, community groups, work) which bridge differences and work against polarization.

* * *

Il peut y avoir des difficultés à donner un sens à certaines mutations actuelles, mais cela ne signifie pas nécessairement qu'il y a crise. Pour qu'il y ait crise (dans un sens profond), il faudrait que l'on assiste, je crois, à une rupture brutale avec les repères établis et qu'il y ait absence de propositions cohérentes (même partielles) sur le sens (ou les sens) à donner à de nouveaux discours (notamment sur la continuité ou la discontinuité) [...].

Il y a des modes de régulation et des pratiques de socialisation alternatifs qui se développent et s'installent, mais dont on est susceptible, si on les évalue à partir de schémas antérieurs, de minimiser la capacité fonctionnelle, de ne pas les partager, ou encore de les considérer comme moins justifiables et moins légitimes sur le plan moral et normatif. [...]

Enfin, je crois que, de toute façon, il ne faut pas précipiter le diagnostic de crise, puisque le conflit fait partie intégrante de la vie sociale.

* * *

Le Québec est vulnérable parce qu'il n'a pas de tradition de création et de conservation culturelle. La culture québécoise mise tout sur la nouveauté, ignorant qu'une création sans tradition n'est qu'une gesticulation.

La différence, au Québec, c'est la rareté et la fragilité, le peu d'épaisseur des institutions, des corps constitués, des lobbys de la culture classique. Ici, pas de Sorbonne, pas de Heidelberg, de Princeton, pas d'Académie, de Royal Society, de monarchie, de guildes, de tous ces blocs inentamables, férocement accrochés à des privilèges, et qui alignent, dans beaucoup de sociétés, le changement sur le rythme des plaques tectoniques. La lave québécoise du changement est une lave claire plutôt qu'un épais magma.

Notes

INTRODUCTION

1. Le tout a été réuni dans un document de la Chaire de recherche du Canada sur l'étude comparée des imaginaires collectifs (G. Bouchard, A. Roy, *Sondage sur la crise de la culture : présentation des typologies utilisées*, octobre 2005, doc. n° I-E-17, 45 p.).

CHAPITRE I • ENQUÊTE SUR L'ÉTAT DE LA CULTURE

1. Tous les autres tableaux cités dans cette section se trouvent également à l'annexe C.
2. Voir entre autres Jacques Beauchemin, *La Société des identités. Éthique et politique dans le monde contemporain*, Montréal, Athéna, 2004, 184 p.
3. Notamment dans les pages du *Devoir*, sous la plume de Pascale Navarro, Michel Venne, Carl Bergeron, Claude Jasmin... Intitulé « 2076 : la fin du Québec », l'entretien avec Jacques Godbout a été publié dans *L'Actualité* du 1er septembre 2006. Voir aussi le texte qu'il a fait paraître dans *Le Devoir* des 23-24 septembre 2006 (p. B5).
4. Voir à ce sujet John R. Saul, *The Collapse of Globalism and the Reinvention of the World*, Viking Canada, 2005, 309 p.
5. Voir G. Bouchard, *Les Deux Chanoines. Contradiction et ambivalence dans la pensée de Lionel Groulx*, Montréal, Boréal, 2003, 313 p. ; *La Pensée impuissante : échecs et mythes nationaux canadiens-français (1850-1960)*, Montréal, Boréal, 2004, 320 p.

CHAPITRE II • DIVERTISSEMENT OU DÉSINVESTISSEMENT DE SOI ?

1. Pour mémoire : « Estimez-vous que la culture au Québec et dans les sociétés occidentales en général se trouve présentement dans un état de crise ? »
2. Hypothèse qui me vient à l'esprit : se pourrait-il que la spéculative « théorie du chaos », avec son fameux battement d'ailes de papillon qui déclenche des tempêtes, soit l'expression nostalgique d'une époque où l'on pouvait encore croire à l'efficacité de l'action individuelle ?

CHAPITRE III • CRISE DE LA CULTURE OU TRANSITION ?

1. Tout au long de ce texte, à moins d'indication contraire, je définis le mythe non pas d'abord comme une falsification pernicieuse de la réalité (ce qu'il peut être cependant), mais comme l'institutionnalisation ritualisée d'une signification exprimée dans une valeur, une croyance, un idéal. Voir la quatrième partie du présent chapitre, « Un essai d'évaluation ».
2. Pour un exposé détaillé de la démarche et des applications à l'histoire intellectuelle du Québec, voir G. Bouchard (2003a, 2003b, 2004).
3. Et qui le demeure en dépit de l'accentuation récente des clivages socio-économiques. Selon un reportage du *International Herald Tribune* (16 mai 2005), la proportion d'Américains croyant qu'il est possible de grimper dans l'échelle sociale et de s'enrichir est passée de 60 % en 1960 à 80 % en 2005.
4. Est-il utile de préciser que ce commentaire ne se veut nullement une apologie, mais seulement une présentation factuelle ?
5. C'est la thèse défendue par M. Freitag (notamment : 1995, 2003a, 2003b, 2005). Voir aussi le commentaire de J.-F. Côté, D. Dagenais (1998).
6. Notamment : J. Rancière (1995), C. Lefort (1986), M. Angenot (2001), T. Hentsch (2002). Pour un survol de la pensée crépusculaire en France, voir M. Angenot (1998), M. Fahmy (2003).
7. M. Weber (1976). Dans le même sens : B. Rizzi (1939).
8. On connaît l'aphorisme : Le XIXᵉ siècle a vu la mort de Dieu, le XXᵉ a consacré celle de l'homme.
9. Cette liste pourrait s'allonger pour inclure plusieurs romanciers étatsuniens qui, dans les années 1960, ont formulé un premier discours critique postmoderne (John Barth, Robert Coover, William Gaddis, John Hawkes et autres). À une époque encore plus ancienne, on pourrait aussi se référer à Victor Hugo, dans sa préface aux *Misérables* : « Vous donnez du pain au corps, mais l'âme se lève et vous dit : j'ai faim aussi, moi ! Qu'est-ce que vous lui donnez ? » Cela dit, il me faut ici aller trop vite et réunir des dis-

cours qui devraient être plus soigneusement distingués. Ainsi, les témoignages tirés d'œuvres littéraires mériteraient un traitement à part dans la mesure où le romancier et le poète ne font pas œuvre sociale ou idéologique. En réalité, au-delà des conjonctures ou du devenir à court terme, c'est la nature humaine qui est leur matériau. J'endosse sur ce point la critique formulée par F. Ricard (2005, p. 146-160) à propos du dernier livre de N. Huston (2004).

10. C'est une conclusion qui se dégage de ses grands travaux sur les religions (notamment : *Confucianisme et taoïsme*).

11. On trouve une idée semblable chez D. Hervieu-Léger (2003), G. Renaud (2004).

12. Parmi bien d'autres références, voir un numéro spécial du *Monde diplomatique* sur le thème « Des sociétés malades de leur culture » (Manière de voir 1, 1987).

13. H. White (1973), P. Veyne (1971), P. W. Williams (2001), A. Prost (1996) et autres.

14. Voir entre autres R. Millet *et alii* (2005).

15. I. Berlin, H. Hardy (2000).

16. Parmi d'autres : E. Morin (1973), A. Kahn (2000), J.-C. Guillebaud (2001).

17. Je me limiterai ici à deux références : C. Dubar (2000), R. Brubaker, F. Cooper (2000).

18. Ce diagnostic a été formulé au terme de démarches diverses, allant de la philosophie et la sociologie à la littérature ; on pense à R. Putnam (2000), J.-F. Lyotard (1979), E. Cox (2002), mais aussi à Tocqueville, à Nietzsche et à bien d'autres.

19. J. Habermas (2002) lui-même a cru devoir intervenir sur le sujet pour exprimer sa profonde inquiétude.

20. Par contre, on sait aussi que cette donnée elle-même doit être interprétée avec réserve, le bénéfice de la hausse étant très inégalement réparti entre les couches sociales. Voir à ce sujet l'analyse critique de N.-F. Bernier (2003).

21. Je pense aux formes de censures ecclésiastiques et autres dans le cadre québécois, mais plus encore à celles qui ont été exercées par la plupart des États nations d'Occident (en Grande-Bretagne et en France, par exemple) jusque dans les années 1960-1970.

22. Par exemple : C. A. Breckenridge *et alii* (2002), S. Vertovec, R. Cohen (2002).

23. Je rapporte également, pour ce qu'elle vaut, cette statistique : un inventaire récent des utopies contemporaines a donné près de 6 000 titres (liste Internet H-UTOPIA, 13 février 2005).

24. Pour un aperçu similaire à l'échelle canadienne, voir un reportage de la revue *Time* (24 novembre 2003, p. 70-79).

25. Voir à ce sujet quelques-uns des textes réunis dans G. Bouchard, M. Segalen (1997), notamment les chapitres I, VI et VIII.
26. Par exemple : F. de Singly (2003), J. Ion (2004), M. Maffesoli (1979, 1993, 2000, 2004).
27. L'un de ces pronostics a été formulé en 1975 par un groupe international d'éminents scientifiques réunis sous l'enseigne de la célèbre Trilateral Commission (créé en 1973 à l'initiative de David Rockefeller, cet organisme privé comprend environ 300 membres provenant de l'Amérique du Nord, de l'Europe et du Japon ; il pilote régulièrement de grandes opérations de recherche comparée).
28. Revenant le 12 août 2005 sur les événements tragiques du 11 septembre, le chef d'antenne de CBS News a eu ce commentaire en conclusion de l'émission : « *We saw America at its very best.* »
29. Plutarque : « Il faut épurer le Mythe par la Raison. »
30. Sur le rôle fondateur de Descartes, voir T. Hentsch (2002, chap. XVI).
31. Sur le versant totalitaire (ou totalitarisant ?) du religieux, voir G. Bourgeault (1999, p. 38-39, 71-72, *passim*).
32. Sur ce sujet : D. Bourg (1987).
33. I. Prigogine (1982), I. Prigogine, I. Stengers (1986, 1988).
34. Au cours des siècles, dans la plupart des cultures, l'Autre a été dépeint sous les couleurs les moins recommandables qui soient : être malfaisant, cannibale, animal, monstre, démon... Voir là-dessus le remarquable album compilé par K. Stenou (1998) sous l'égide de l'Unesco.
35. Sur ce sujet, voir entre autres les analyses du philosophe F. Jullien (2005) qui, à partir de l'expérience de la pensée chinoise, bouleverse le vieux canon dualiste occidental. Je signale aussi un colloque, tenu en mai 2005 à l'Université du Québec à Chicoutimi dans le cadre du congrès de l'ACFAS (« L'expérience du corps à l'ère écranique »), qui invitait à réfléchir sur la façon dont l'invasion de l'écran a modifié notre perception du corps en le dématérialisant, en brouillant ses frontières. Sur ce thème, voir M. Lachance (2006).
36. Voir, par exemple, D. Jacques (2002, en particulier chap. 5).
37. Là-dessus, voir C. Jamme (1995).
38. On pense à Artaud et surtout à Breton : « Crever le tambour de la raison raisonnante et en contempler le trou » *(Manifeste du surréalisme)*.
39. Selon H. Parret (1999), les mutations en cours réhabiliteraient le *pathos*, tout comme jadis les Grecs avaient disqualifié le *muthos*.
40. On en fait aussi l'éloge ; par exemple : S. de Beauvoir (1947), G. Bourgeault (1999).
41. On est même allé jusqu'à se demander si le temps des intellectuels ne serait pas terminé (par exemple : É. Méchoulan, 2005a, 2005b).

42. On le voit notamment dans les pages de grands quotidiens qui, en plus de s'ouvrir aux humeurs des lecteurs, font appel aux « témoignages », sinon à l'« expertise » de non-spécialistes.

43. Il vaut la peine de citer ici Picasso : « Pourquoi l'artiste s'obstinerait-il à rendre ce qu'à l'aide de l'objectif on peut fixer si bien ? [...] La photographie est venue à point nommé pour libérer la peinture de toute littérature, de l'anecdote et même du sujet... En tout cas, un certain aspect du sujet appartient désormais au domaine de la photographie... Les peintres ne devraient-ils pas profiter de leur liberté reconquise pour faire autre chose ? » Propos rapportés par Brassaï (2004, p. 72).

44. R. Inglehart (1990, 1997, 2003).

45. Par contre, on se surprend moins qu'une proportion importante de la génération « X » (un peu plus de la moitié d'après notre sondage — voir annexe C, tableau 7) ait le sentiment de vivre une crise. En effet, les gens de cette génération, qui suit immédiatement celle des *baby-boomers*, ont fait durement l'expérience des lendemains qui déchantent (précarité de l'emploi, etc.).

46. L'ouvrage de J.-F. Lyotard (1979) est un bon exemple de ces analyses réductrices, catastrophistes (sur la fin des grands récits, sur les scientifiques entièrement asservis à une volonté de puissance, sur la science nouvelle « déligitimée », et autres).

47. Encore une fois, je crois rejoindre ici, sur divers points, la pensée de G. Bourgeault (1999, par exemple : p. 34, 37, 68-69).

48. On connaît ce commentaire d'Augustin Thierry en 1827 : « Pas un de nos enfants du XIX⁰ siècle qui n'en sache plus que Velly ou Mably, plus que Voltaire lui-même sur les rébellions et les conquêtes, les démembrements des empires, la chute et la restauration des dynasties, les révolutions démocratiques et les réactions en sens inverse... » (cité par P. Joutard, 2000, p. 301).

49. A. Malraux (1953, p. 494).

50. Le Québec serait en pleine régression/dépression (J. Larose, entretien avec *Le Devoir*, 11-12 mars 2006, F1).

51. On relève chez plusieurs de ces auteurs une sorte de complaisance dans la violence gratuite, l'inceste, le macabre. C'est là une conclusion préliminaire d'une enquête en cours (sous la direction de Sophie Marcotte, Université Concordia) dans le cadre de la chaire de recherche du Canada que je dirige. Ceci pour les jeunes romanciers ; du côté des moins jeunes, on peut aussi jeter un coup d'œil chez Larry Tremblay (*Piercing*, Gallimard, 2006).

52. M. Ménard (2005), *Le Devoir*, 24 février 2005, p. B8.

53. On reconnaît dans ce qui précède des traits déjà relevés dans l'analyse des réponses à notre sondage (divergence, contradiction, etc.).

54. Exemple : l'excellent rapport (évoqué plus haut) publié par le Conseil de la science et de la technologie (2005).

55. Voir *Le Devoir*, 9-10 septembre 2006, cahier spécial « Alphabétisation », 6 p.

56. On peut consulter sur un site de l'Institut (http ://uinm.qc.ca/ prop54.html) les cinquante propositions qui ont résulté de ces travaux (« Pour une société responsable »). Aussi : M. Fahmy, A. Robitaille (2005), M. Venne (2005).

57. S'il est utile de le préciser : tous ces traits se retrouvent, peu ou prou, chez ceux qu'on appelle « les enfants de la loi 101 » (I. Beaulieu, 2003).

58. Selon des données de Statistique Canada en date de juillet 2005, le Québec affiche le plus bas taux de crimes avec violence au Canada. Le taux d'homicide, par exemple, a baissé de 50 % entre 1990 et 2003, les agressions sexuelles et les voies de faits sont demeurées stables, etc. (M. Ouimet, 2004). Joignons à cela les résultats d'une recherche effectuée en 2004 et dont les résultats ont été rendus publics récemment (*La Presse*, 25 novembre 2005, A9) ; il s'en dégage que, par tranche de 1 000 personnes âgées de plus de 14 ans, 59 crimes violents ont été commis au Québec en 2004 contre 106 dans l'ensemble du Canada. Des statistiques plus récentes montrent par ailleurs que le taux québécois d'homicide a continué de baisser (M. Ouimet, 2005 ; *Le Soleil*, 31 décembre 2005, A11).

59. Sur ce dernier point, voir C. Saucier, N. Thivierge (2003), R. Morin, M. Rochefort (2003), D. Helly (2002), S. Arcand (2005).

60. Sur ce sujet, voir entre autres R. Choinière (2003, 2006), D. Saint-Laurent, C. Bouchard (2004).

61. Chiffre rendu public par le Bureau du coroner du Québec (et repris par *La Presse* du 29 mars 2006, p. A12).

62. Et dont les Français eux-mêmes, nous ne le savons peut-être pas assez, se moquent volontiers. Dans sa livraison du 25 février 2006, *Le Monde* se moquait assez méchamment de l'hégémonie des « déclinologues ».

63. Je souscris sur ce point à l'analyse de L. Bissonnette (2005) qui croit relever chez de nombreux Québécois une disposition blasée de vieux héritiers alors même que notre société est à peine sortie de l'analphabétisme et du sous-développement culturel.

64. Opération qui serait déjà en cours, si l'on en croit une information largement diffusée fin août 2005, à l'effet qu'une vaste coalition de 900 syndicats se porterait à l'attaque de l'empire Wal-Mart.

65. Pour un survol utile : A. Gaillard (2005).

Bibliographie

ANGENOT, Marc (1998). « C'est l'éruption de la fin ! Le diagnostic crépusculaire : un genre culturel français des années 80 », dans Laurier Turgeon
(dir.), *Les Entre-lieux de la culture*, Paris, L'Harmattan, p. 29-56.
—, (2001). *D'où venons-nous? Où allons-nous? La décomposition de l'idée de
progrès*, Montréal, Trait d'union, 184 p.
—, (2005). « La culture québécoise : "crise" ou "stase" », *Spirale*, n° 200, janvier-
février, p. 28-29.
ARCAND, Sébastien (2005). « Que disent les groupes ethniques aux gouvernements? Une revue des mémoires des associations ethniques présentés aux
commissions parlementaires », dans Michel Venne et Antoine Robitaille
(dir.), *L'Annuaire du Québec 2006*, Montréal, Fides, p. 181-188.
ARENDT, Hannah (1961). *Condition de l'homme moderne*, Paris, Calmann-
Levy, 368 p.
—, (1972). *La Crise de la culture. Huit exercices de pensée politique*, Paris, Gallimard, 380 p.
BACZKO, Bronislaw (1984). *Les Imaginaires sociaux. Mémoires et espoirs collectifs*, Paris, Payot, 242 p.
BAER, Douglas, James Curtis et Edward Grabb (2001), « Has Voluntary Asso-
ciation Activity Declined? Cross-national Analyses for Fifteen Countries »,
Canadian Review of Sociology and Anthropology, vol. 38, n° 3 (août), p. 249-
274.
BAJOIT, Guy (2005). « Les jeunes en quête de sens dans un monde incertain »,
Recherches sur la famille, numéro spécial, hiver, p. 2-3.
BAUDRILLARD, Jean (1982). *À l'ombre des majorités silencieuses ou la fin du
social*, Paris, Denoël/Gonthier, 114 p.
BEAUCHEMIN, Jacques (2004). « Entre la loi du marché et l'individualisme »,
Le Devoir, lundi 12 juillet, p. A7.

BEAUDET, Marie-Andrée (2005). « La culture, maintenant. Une résistance au cœur du bruit », *Spirale*, n° 200, janvier-février, p. 98.

BEAULIEU, Isabelle (2003). « Le premier portrait des enfants de la loi 101 : sondage auprès des jeunes Québécois issus de l'immigration récente », dans Michel Venne (dir.), *L'Annuaire du Québec 2004*, Montréal, Fides, p. 260-265.

BEAUVOIR, Simone de (1947). *Pour une morale de l'ambiguïté*, Paris, Gallimard, 223 p.

BELL, Daniel (1976). *The Cultural Contradictions of Capitalism*, New York, Basic Books, 301 p.

BENOIST, Jean-Marie (1993). *La Tyrannie du logos*, Paris, Presses Universitaires de France, 187 p.

BERGER, Peter L. (éd.) (1999). *The Desecularization of the World. Resurgent Religion and World Politics*, Washington (D.C.), Ethics and Public Policy Center, 135 p.

BERLIN, Isaiah et Henry Hardy (éd.) (2000). *The Power of Ideas*, Princeton (N.J.), Princeton University Press, 240 p.

BERNIER, Nicole-F. (2003). *Le Désengagement de l'État-providence*, Montréal, Presses de l'Université de Montréal, 268 p.

BEST, Steven et Douglas Kellner (1997). *The Postmodern Turn*, New York, Guilford Press, 306 p.

BISSONNETTE, Lise (2005). « Contre l'effacement », *Les Écrits*, n° 113, avril, p. 69-81 (discours de réception à l'Académie des lettres du Québec, le 10 novembre 2004).

BOUCHARD, Gérard (2003a). *Raison et contradiction. Le mythe au secours de la pensée*, Québec, Nota bene/Cefan, 130 p.

—, (2003b). *Les Deux Chanoines. Contradiction et ambivalence dans la pensée de Lionel Groulx*, Montréal, Boréal, 313 p.

—, (2004). *La Pensée impuissante. Échecs et mythes nationaux canadiens-français (1850-1960)*, Montréal, Boréal, 320 p.

—, (2005). « L'analyse globale du social : exemple d'un parcours », dans Daniel Mercure (dir.), *L'Analyse du social. Les modes d'explication*, Québec, Presses de l'Université Laval, p. 285-299.

BOUCHARD, Gérard et Martine Segalen (dir.) (1997). *Une langue, deux cultures. Rites et symboles en France et au Québec*, Québec/Paris, Presses de l'Université Laval/La Découverte, 351 p.

BOURG, Dominique (1987). « Culture et technique : par delà le discours apocalyptique », *Esprit*, n° 129-130, p. 23-29.

BOURGEAULT, Guy (1999). *Éloge de l'incertitude*, Montréal, Bellarmin, 178 p.

BRASSAÏ (2004), *Conversations avec Picasso*, Paris, Gallimard, 401 p.

BRECKENRIDGE, Carol A., *et alii* (éd.) (2002). *Cosmopolitanism,* Durham (NC), Duke University Press, 241 p.

BROCH, Hermann (1932). *The Sleepwalkers. A Trilogy,* Boston, Little Brown, 648 p. (première édition en langue anglaise).

BRUBAKER, Rogers et Frederick Cooper (2000). « Beyond "identity" », *Theory and Society,* vol. 29, p. 1-47.

BUNGE, Mario Augusto (2004). *Matérialisme et humanisme. Pour surmonter la crise de la pensée,* Montréal, Liber, 290 p.

CANTIN, Serge (2003). *Nous voilà rendus au sol. Essais sur le désenchantement du monde,* Montréal, Bellarmin, 207 p.

CASTORIADIS, Cornelius (1975). *L'Institution imaginaire de la société,* Paris, Seuil, 497 p.

CHAMBERLAND, Paul (2004). *Une politique de la douleur. Pour résister à notre anéantissement,* Montréal, VLB, 283 p.

—, (2006). *En nouvelle barbarie,* Montréal, Typo, 232 p.

CHEVRIER, Marc (2005). *Le Temps de l'homme fini,* Montréal, Boréal, 242 p.

CHOINIÈRE, Robert (2003). *La Mortalité au Québec. Une comparaison internationale,* Québec, Institut national de santé publique Québec, 88 p.

—, (2005). « L'état de santé : comparaison du Québec avec le reste du monde », dans Michel Venne et Antoine Robitaille (dir.), *L'Annuaire du Québec 2006,* Montréal, Fides, p. 702-705.

CLICHÉ, Anne Élaine et Bertrand Gervais (dir.) (2001). *Figures de la fin. Approches de l'irreprésentable,* Figura, textes et imaginaires n° 2, Montréal, département d'études littéraires, UQAM, 194 p.

CONSEIL DE LA SCIENCE ET DE LA TECHNOLOGIE (2005). *Les Préoccupations des Québécoises et des Québécois face à l'avenir,* Sainte-Foy (Québec), Conseil de la science et de la technologie, 98 p.

CORBIN, Henry (1972). *En islam iranien. Aspects spirituels et philosophiques,* Paris, Gallimard, 4 volumes.

CÔTÉ, Jean-François et Daniel Dagenais (1998). « Présentation », *Société,* n°s 18-19, été, p. I-VII.

COX, E. (2002). « Making the Lucky Country », dans Robert D. Putman (éd.), *Democracies in Flux. The Evolution of Social Capital in Contemporary Society,* New York, Oxford University Press.

DUBAR, Claude (2000). *La Crise des identités. L'interprétation d'une mutation,* Paris, Presses Universitaires de France, 239 p.

DUMONT, Fernand (1968). *Le Lieu de l'homme. La culture comme distance et mémoire,* LaSalle (Québec), Hurtubise HMH, 233 p.

DURAND, Gilbert (1996). *Introduction à la mythologie. Mythes et sociétés,* Paris, Albin Michel, 253 p.

DUVIGNAUD, Jean (1965). *Les Ombres collectives. Sociologie du théâtre*, Paris, Presses Universitaires de France, 592 p.

FABIANI, Jean-Louis (2003). « Pour en finir avec la réalité unilinéaire : le parcours méthodologique de Andrew Abbott », *Annales HSS*, n° 3, mai-juin, p. 549-565.

FAHMY, Miriam (2003). *Le Discours sur la fin de la littérature en France de 1987 à 1994*, mémoire de maîtrise (ès Lettres), Université McGill, 128 p.

FAHMY, Miriam et Antoine Robitaille (dir.) (2005). *Jeunes et engagés*, Montréal, Fides, 94 p.

FERRY, Luc (2002). *Qu'est-ce qu'une vie réussie?*, Paris, Grasset, 486 p.

FILIATRAULT, Sébastien (2004). *Génération idéaliste*, Montréal, Les Intouchables, 160 p.

FINKE, Roger et Rodney Stark (2000). *Acts of Faith. Explaining the Human Side of Religion*, Berkeley, University of California Press, 343 p.

FINKIELKRAUT, Alain (1987). *La Défaite de la pensée*, Paris, Gallimard, 165 p.

FISCHER, Hervé (2004). *La Planète hyper. De la pensée linéaire à la pensée en arabesque*, Montréal, VLB, 290 p.

FREITAG, Michel (1995). *Le Naufrage de l'université et autres essais d'épistémologie politique*, Montréal/Paris, Nuit Blanche/La Découverte, 299 p.

—, (2003a). « De la Terreur au Meilleur des Mondes. Genèse et structure des totalitarismes archaïques », dans Daniel Dagenais (dir.), *Hannah Arendt, le totalitarisme et le monde contemporain*, Québec, Presses de l'Université Laval, p. 248-350.

—, (2003b). « De la Terreur au Meilleur des Mondes. Globalisation et américanisation du monde : vers un totalitarisme systémique? », dans Daniel Dagenais (dir.), *Hannah Arendt, le totalitarisme et le monde contemporain*, Québec, Presses de l'Université Laval, p. 353-404.

—, (2005). « Chercher les tendances, c'est déjà chercher dans la mauvaise direction », *Le Cahier de l'ACSALF*, vol. 2, n° 1, p. 5-6.

FROMM, Erich (1956). *Société aliénée et société saine. Du capitalisme au socialisme humaniste, psychanalyse de la société contemporaine*, Paris, Le Courrier du Livre, 339 p.

FUENTES, Carlos (2005). « L'épreuve de l'incertitude », *L'Inconvénient*, n° 23, novembre, p. 7-16.

GAILLARD, André (2005). *Les Mythes du christianisme. Des héritages juif et grec aux valeurs fondatrices de l'Occident*, Paris, Publibook, 321 p.

GAUCHET, Marcel (1985). *Le Désenchantement du monde. Une histoire politique de la religion*, Paris, Gallimard, 306 p.

GAUTHIER, Madeleine (2005). « Des représentants de la jeunesse s'expriment sur les valeurs des jeunes d'aujourd'hui », *Recherches sur la famille*, numéro spécial, hiver, p. 4-5.

GIRARD, René (1978). *Des choses cachées depuis la fondation du monde*, recherches avec J.-M. Oughourlian et Guy Lefort, Paris, Grasset, 492 p.

GLUCKSMANN, André (2002). *Dostoïevski à Manhattan*, Paris, Robert Laffont, 278 p.

GRAND'MAISON, Jacques (dir.) (1992). *Le Drame spirituel des adolescents. Profils sociaux et religieux*, Montréal, Fides, 244 p.

—, (1998). *Au nom de la conscience. Une volée de bois vert*, Montréal, Fides, 57 p.

—, Jacques (1999). *Quand le jugement fout le camp. Essai sur la déculturation*, Montréal, Fides, 230 p.

GRAND'MAISON, Jacques, Association canadienne pour la Santé mentale (dir.) (2001). *Crise de société — Recherche de sens. Actes du colloque du 10 mai*, Montréal, Association canadienne pour la santé mentale, filiale de Montréal, 123 p.

GUÉNON, René (1946). *La Crise du monde moderne*, Paris, Gallimard, 183 p.

GUILLEBAUD, Jean-Claude (1995). *La Trahison des Lumières. Enquête sur le désarroi contemporain*, Paris, Seuil, 247 p.

—, (2001). *Le Principe d'humanité*, Paris, Seuil, 379 p.

—, (2005). *La Force de conviction*, Paris, Seuil.

HABERMAS, Jürgen (2002). *L'Avenir de la nature humaine. Vers un eugénisme libéral*, traduit de l'allemand par Christian Bouchindhomme, Paris, Gallimard, 180 p.

HELLY, Denise (2002). « Le sentiment d'appartenance chez les Montréalais. Une enquête sur le lien sociétal », *Globe*, vol. 5, n° 2, p. 137-169.

HENRY, Michel (1987). *La Barbarie*, Paris, Grasset, 248 p.

HENTSCH, Thierry (2002). *Raconter et mourir. Aux sources narratives de l'imaginaire occidental*, Montréal, Presses de l'Université de Montréal, 431 p.

HERVIEU-LÉGER, Danièle (2003). *Catholicisme, la fin d'un monde*, Paris, Bayard, 334 p.

HOUELLEBECQ, Michel (2001). *Plateforme*, Paris, Flammarion, 369 p.

—, *La Possibilité d'une île*, Paris, Fayard, 485 p.

HUSTON, Nancy (2004). *Professeurs de désespoir*, Arles/Montréal, Actes Sud/Leméac, 380 p.

INGLEHART, Ronald (1990). *Culture Shift in Advanced Industrial Society*, Princeton (N.J.), Princeton University Press, 484 p.

—, (1997). *Modernization and Postmodernization. Cultural, Economic, and Political Change in 43 Societies*, Princeton (N.J.), Princeton University Press, 440 p.

INGLEHART, Ronald (éd.) (2003). *Human Values and Social Change. Findings from the Values Surveys*, Leiden/Boston, Brill, 285 p.

ION, Jacques (2004). « Personnalisation et publicisation : les formes contemporaines d'engagement», dans Marc-Henry Soulet (dir.), *Agir en société. Engagement et mobilisation aujourd'hui*, Fribourg, Academic Press Fribourg, p. 65-82.

JACQUES, Daniel (2002). *La Révolution technique. Essai sur le devoir d'humanité*, Montréal, Boréal, 192 p.

JAMME, Christoph (1995). *Introduction à la philosophie du mythe. Époque moderne et contemporaine*, tome II, Paris, Librairie philosophique J. Vrin, 177 p.

JEANNIÈRE, Abel (1987). *Les Fins du monde*, Paris, Aubier, 161 p.

JOUTARD, Philippe (2000). « Une passion française : l'histoire », dans André Burguière, Jacques Revel (dir.), *Histoire de la France. Choix culturels et mémoire*, Paris, Seuil, p. 301-421.

JULLIEN, François (2005). *Nourrir sa vie. À l'écart du bonheur*, Paris, Seuil, 176 p.

KAHN, Axel (2000). Et l'homme dans tout ça? Plaidoyer pour un humanisme moderne, Paris, NiL, 375 p.

LACHANCE, Michaël (2006). *Capture totale. Matrix. Mythologie de la cyberculture*, Québec, Presses de l'Université Laval, 200 p.

LAGARDE, Georges de (1956). *La Naissance de l'esprit laïque au déclin du Moyen-Âge*, Paris, Nauwelaerts, 5 vol.

LAGUEUX, Maurice (2001). Actualité de la philosophie de l'histoire. L'histoire aux mains des philosophes, Québec, Presses de l'Université Laval, 229 p.

LAPLANTE, Laurent (2003). *Les Enfants de Winston. Essai sur le jovialisme*, Montréal, Anne Sigier, 232 p.

LASCH, Christopher (1978). *The Culture of Narcissim. American Life in an Age of Diminishing Expectations*, New York, W. W. Norton, 268 p.

LEFORT, Claude (1986). *Essais sur le politique (XIXe-XXe siècles)*, Paris, Seuil, 331 p.

LÉGER, Jean-Marc (2004). « La grande noirceur serait-elle devant nous? », *L'Action nationale*, vol. XCIV, n° 2, p. 65-69.

LEROUX, Georges (2005). « L'horizon perdu de la culture », *Spirale*, n° 200, janvier-février, p. 52-54.

LIPOVETSKY, Gilles (1983). *L'Ère du vide. Essais sur l'individualisme contemporain*, Paris, Gallimard, 246 p.

LIPOVETSKY, Gilles et Sébastien Charles (2004). *Les Temps hypermodernes*, Paris, Bernard Grasset, 187 p.

LYOTARD, Jean-François (1979). *La Condition postmoderne. Rapport sur le savoir*, Paris, Les Minuit, 109 p.

MAFFESOLI Michel (1979). *La Conquête du présent*, Paris, Presses Universitaires de France, 200 p.

—, (1993). *La Contemplation du monde. Figures du style communautaire*, Paris, Grasset, 235 p.

—, (2000). *Le Temps des tribus. Le déclin de l'individualisme dans les sociétés postmodernes*, 3ᵉ éd., Paris, La Table ronde, 330 p.

—, (2004). *Le Rythme de la vie. Variations sur les sensibilités postmodernes*, Paris, Table ronde, 220 p.

MALRAUX André (1953), *Les Voix du silence*, Paris, Gallimard, NRF, 657 p.

—, (2004). *Écrits sur l'art*, 2 vol., Paris, Gallimard.

MARCOTTE, Sophie (2003). « L'imaginaire de l'absence et du vide : la production romanesque en 2003 », dans Michel Venne (dir.), *L'Annuaire du Québec 2004*, Montréal, Fides, p. 511-515.

MÉCHOULAN, Éric (2005a). « La fin de la culture », *Spirale*, nº 200, janvier-février, p. 10-11.

—, (2005b). *Le Crépuscule des intellectuels. De la tyrannie de la clarté au délire d'interprétation*, Montréal, Nota bene, 234 p.

MEMMI Albert (2004). *Portrait du décolonisé*, Paris, Gallimard, 168 p.

MÉNARD, Guy (2003). « Les nouveaux rituels : déplacements et mutations de la religion dans le Québec contemporain », dans Michel Venne (dir.), *L'Annuaire du Québec 2004*, Montréal, Fides, p. 283-288.

—, (2005). *Éléments pour une économie des industries culturelles*, Montréal, Société de développement des entreprises culturelles, 167 p.

MENDEL, Gérard (2004). *Construire le sens de sa vie. Une anthropologie des valeurs*, Paris, La Découverte, 203 p.

MERCIER, Véronique (2005). « Les jeunes et l'appartenance à une communauté culturelle », *Recherches sur la famille*, numéro spécial, hiver, p. 12-13.

MILLET, Richard, Delphine Descaves et Thierry Cecille (2005). *Harcèlement littéraire. Entretiens de Richard Millet avec Delphine Descaves et Thierry Cecille*, Paris, Gallimard, 199 p.

MILNER, Henry (2003). « Informed Citizenship : Canada in a Comparative Context », *Canadian Diversity*, vol. 2, nº 1, Spring, p. 28-30.

MORENCY, Jean (2005), *Des cultures en contact. Visions de l'Amérique du Nord francophone*, Québec, Nota bene, 551 p.

MORIN, Edgar (1973). *Le Paradigme perdu. La nature humaine*, Paris, Seuil, 246 p.

MORIN, Michel (2004a). « Philosophie : rebelle », *L'Inconvénient*, nº 18, p. 21-26.

—, (2004b). « Le défaut de Dieu », *L'Inconvénient*, nº 16, février, p. 55-61.

MORIN, Richard et Michel Rochefort (2003). « L'apport des services de proximité à la construction d'une identité de quartier : analyse de services d'économie sociale et solidaire dans trois quartiers de Montréal », *Recherches sociographiques*, vol. XLIV, nº 2, p. 267-290.

OLIVIER, Lawrence (2004). *Contre l'espoir comme tâche politique*, Montréal, Liber, 252 p.

OUELLET, François (2002). *Passer au rang de père. Identité sociohistorique et littéraire au Québec*, Québec, Nota bene, 154 p.

OUIMET, Marc (2004). « État de la criminalité au Québec », dans Michel Venne (dir.), *L'Annuaire du Québec 2005*, Montréal, Fides, p. 301-306.

—, (2005). « La criminalité baisse au Québec : pourquoi? », dans Michel Venne et Antoine Robitaille (dir.), *L'Annuaire du Québec 2006*, Montréal, Fides, p. 288-294.

PAQUET, Gilles (1999). *Oublier la Révolution tranquille. Pour une nouvelle socialité*, Montréal, Liber, 159 p.

PARRET, Herman (1999). *L'Esthétique de la communication. L'au-delà de la pragmatique*, Bruxelles, Ousia, 231 p.

PRIGOGINE, Ilya (1982). *Physique, temps et devenir*, 2ᵉ édition, Paris, Masson, 275 p.

PRIGOGINE, Ilya et Isabelle Stengers (1986). *La Nouvelle Alliance. Métamorphose de la science*, Paris, Gallimard, 439 p.

—, (1988). *Entre le temps et l'éternité*, Paris, A. Fayard, 222 p.

PRONOVOST, Gilles et Chantal Royer (2003). « Les valeurs des jeunes : identité, famille, école, travail », dans Michel Venne (dir.), *L'Annuaire du Québec 2004*, Montréal, Fides, p. 206-213.

PROST, Antoine (1996). *Douze leçons sur l'histoire*, Paris, Seuil, 330 p.

PUTNAM, Robert D. (2000). *Bowling Alone. The Collapse and Revival of American Community*, New York, Simon & Schuster, 541 p.

QUÉNIART, Anne et Julie Jacques (2001). « L'engagement politique des jeunes femmes au Québec : de la responsabilité au pouvoir d'agir pour un changement de société », *Lien social et Politiques*, vol. 46, automne, p. 45-53.

RANCIÈRE, Jacques (1995). *La Mésentente. Philosophie et politique*, Paris, Galilée, 187 p.

RENAUD, Gilbert (2004). « Agir en société à l'ombre du nouvel individualisme », dans Marc-Henry Soulet (dir.), *Agir en société. Engagement et mobilisation aujourd'hui*, Fribourg, Academic Press Fribourg, p. 43-63.

RICARD, François (2005). *Chroniques d'un temps loufoque*, Montréal, Boréal, 178 p.

—, (1992). *La Génération lyrique. Essai sur la vie et l'œuvre des premiers-nés du baby-boom*, Montréal, Boréal, 282 p.

RIEFF, David (2002). *A Bed for the Night. Humanitarianism in Crisis*, New York, Simon and Schuster, 367 p.

RIZZI, Bruno (1939). *La Bureaucratisation du monde. Le collectivisme bureaucratique : quo vadis América?*, Paris, Hachette, 350 p.

ROBINSON, Benjamin (2005). « Les jeunes et le travail », *Recherches sur la famille*, numéro spécial, hiver, p. 8-9.

ROOF, Wade Clark (1993). *A Generation of Seekers. The Spiritual Journeys of the Baby Boom Generation*, San Francisco, Harper San Francisco, 294 p.

—, (1999). *Spiritual Marketplace. Baby Boomers and the Remaking of American Religion*, Princeton (N.J.), Princeton University Press, 367 p.

ROOF, Wade Clark et William McKinney (1987). *American Mainline Religion. Its Changing Shape and Future*, New Brunswick (N.J.), Rutgers University Press, 279 p.

SAINT-LAURENT, Danielle et Clermont Bouchard (2004). « Le suicide au Québec : une catastrophe humaine et sociale », dans Michel Venne (dir.), *L'Annuaire du Québec 2005*, Montréal, Fides, p. 316-320.

SAINT-PIERRE, Diane (2004). « Les politiques culturelles du Québec », dans Robert Bernier (dir.), *L'État québécois au XXIe siècle*, Sainte-Foy (Québec), Presses de l'Université du Québec, p. 231-259.

SAUCIER, Carol et Nicole Thivierge (2003). « Lien social et développement économique. L'économie sociale au Bas-Saint-Laurent », *Recherches sociographiques*, vol. XLIV, n° 2, mai-août, p. 291-311.

SENNETT, Richard (1979). *Les Tyrannies de l'intimité*, Paris, Seuil, 282 p.

SINGLY, François de (2003). *Les Uns avec les autres. Quand l'individualisme crée du lien*, Paris, Armand Colin, 268 p.

SOROKA, Stuart, Keith Banting et Richard Johnston (2005). *Immigration and Redistribution in a Global Era*, Cambridge (U.S.). [(texte non publié)].

STEIGERWALD, David (2004). *Culture's Vanities. The Paradox of Cultural Diversity in a Globalized World*, Lanham, Rowman and Littlefield Publishers, 276 p.

STENOU, Katérina (1998). *Images de l'Autre. La différence : du mythe au préjugé*, Paris, Seuil-Unesco, 155 p.

TURNER, Jonathan H. et David E. Boyns (2001). « The Return of Grand Theory », dans Jonathan H. Turner (éd.), *Handbook of Sociological Theory*, New York, Kluwer Academic/Plenum Publishers, p. 353-378.

VADEBONCŒUR, Pierre (2004). « L'opacité de la bêtise », *L'Inconvénient*, n° 18, p. 7-9.

—, (2005). « Note sur la fatalité future, déjà présente », *L'Inconvénient*, n° 20, février, p. 46-49.

VENNE, Michel (dir.) (2005). *100 idées citoyennes pour un Québec en santé*, Montréal, Fides, 94 p.

VERTOVEC, Steven et Robin Cohen (éd.) (2002). *Conceiving Cosmopolitanism. Theory, Context and Practice*, Oxford, Oxford University Press, 314 p.

VEYNE, Paul (1971). *Comment on écrit l'histoire*, Paris, Seuil, 349 p.

VOEGELIN, Eric (2004). *Science, politique et gnose*, traduit de l'allemand par Marc De Launay, Paris, Bayard, 93 p.

WALLERSTEIN, Immanuel (2000). « Cultures in Conflict? Who are We? Who are the Others?», *Y.K. Pao Distinguished Chair Lecture,* Center for Cultural Studies, 20 septembre.

WEBER, Max (1976). The Protestant Ethic and the Spirit of Capitalism, London, Allen & Unwin, 292 p.

WHITE, Hayden (1973). *Metahistory. The Historical Imagination in Nineteenth-Century Europe,* Baltimore, Johns Hopkins University Press, 448 p.

WILLIAMS, Peter W. (2001). *America's Religions. From Their Origins to the Twenty-First Century,* Urbana et Chicago, University of Illinois Press, 601 p.

WUNENBURGER, Jean-Jacques (2002). *Une utopie de la raison. Essai sur la politique moderne,* Paris, La Table ronde, 239 p.

Table des matières

Imprimé sur du papier 100 % postconsommation,
traité sans chlore, certifié Éco-Logo
et fabriqué dans une usine fonctionnant au biogaz.

MISE EN PAGES ET TYPOGRAPHIE :
LES ÉDITIONS DU BORÉAL

ACHEVÉ D'IMPRIMER EN FÉVRIER 2007
SUR LES PRESSES DE MARQUIS IMPRIMEUR
À CAP-SAINT-IGNACE (QUÉBEC).